AF275451

Doce lunas

(Se terminó de imprimir esta edición de
Doce lunas de Eduardo Jordá,
en Sevilla, el día 7 de febrero de 2024)

Eduardo Jordá

Doce lunas

FUNDACIÓN JOSÉ MANUEL LARA

Vandalia

Vandalia, 113

Director de colección: Jacobo Cortines
Consejo asesor: Ignacio F. Garmendia, Juan Lamillar, Aurora Luque,
Álvaro Salvador y Andrés Trapiello

Primera edición: febrero, 2024

Edición al cuidado de Ignacio F. Garmendia
Diseño: Estudio Manuel Ortiz
Maquetación: Manuel Rosal
Fotografía del autor: Vera Jordá

A María José, a Vera, a Miguel

PRÓLOGO
NO SABEMOS POR QUÉ, PERO SUCEDE

Uno nunca sabe por qué escribe un poema. O al menos yo nunca he sabido por qué escribía un poema. Digamos que escribir un relato o una novela implica un proceso de aprendizaje, o quizá, mejor dicho, un lento proceso de aproximación. De repente, uno empieza a oír conversaciones que no sabe de dónde llegan, o percibe una extraña luz en un lugar que no sabría situar en ningún sitio concreto, o recuerda el momento en que su abuelo levantó el bastón, señaló una cerca de piedra y dijo: «Hasta allí llegaron los rojos». Pero un poema no se nos aparece con estos signos premonitorios que anuncian su llegada. Un poema ocurre, de golpe, sin previo aviso. Vemos algo, o sentimos algo –sin que sepamos muy bien qué es–, y de pronto sabemos que ahí hay un poema. «Hay un poema», he escrito. Porque un poema se manifiesta en forma de revelación (y espero no sonar como un embaucador de un programa de ciencias paranormales). Quiero decir que un poema nos llega desde no sabemos dónde y se presenta sin previo aviso. Llega, nos entrega su regalo –el don– y desaparece. Nunca sabemos cuándo va a llegar. Y nunca sabemos si va a regresar. Una vez que el poema se va, jamás podremos estar seguros de que tenga alguna intención de regresar. A veces, si tenemos suerte, el poema regresa con su correspondiente don. Pero otras veces no regresa por un largo tiempo. O incluso no vuelve a regresar jamás. Y por mucho que lo esperemos, por mucho que intentemos convocar su llegada –llamándolo, reclamándolo, solicitando su auxilio–, el poema se niega a manifestarse. Sabemos que está por ahí, flotando en alguna parte, pero desde luego no está allí donde estamos nosotros.

En este caso podríamos usar el símil del metrónomo. Cuando escribimos poesía –o mejor dicho, cuando la poesía tiene la cortesía de presentarse ante nosotros y entregarnos su don–, hay un metrónomo que no deja de sonar en nuestro interior. Vayamos a donde vayamos, llevamos dentro un metrónomo que va marcando un tempo, un ritmo, una cadencia (da igual cómo lo llamemos). Si vemos algo, si decimos algo, si hacemos algo, aunque no seamos conscientes de ello, el metrónomo sigue marcando su ritmo: imparable, incansable, obsesivo. Y cuando la poesía se manifiesta y nos entrega su don, el metrónomo está ahí (invisible pero bien audible) para convertir esa materia bruta en un poema. Si el metrónomo funciona, la experiencia –cualquier experiencia– podrá convertirse en un poema. Pero si el metrónomo deja de funcionar, nada podrá convertirse en un poema. No habrá latido interno, no habrá pálpito. En una palabra, no habrá poesía.

A mí me sucedió. Una vez, hacia el año 2010, el metrónomo dejó de sonar. Después de algo más de una década escribiendo continuamente poesía –desde más o menos 1997 o 1998–, de pronto la poesía desapareció. Al principio uno piensa que la poesía regresará pronto –o que al menos regresará el metrónomo, el pulso interior, el reclamo acústico que la atrae–, pero pasan los días, y los meses, y los años, y la poesía no vuelve. Y uno espera y espera, pero en vano. Hasta que un buen día no queda más remedio que reconocer que la poesía se ha ido. Y quizá ya no tenga ninguna intención de volver.

Yo empecé a escribir poesía muy joven –como casi todo el mundo, supongo–, más o menos a los 16 o 17 años, hacia 1973. Esos primeros poemas eran poemas malísimos y generalmente estaban escritos en un inglés muy deficiente. ¿Por qué los escribía en inglés? No lo sé. Supongo que escribir en inglés me permitía superar el pudor de escribir un poema, cosa que siempre implica mirarse al espejo en momentos en que uno no se atreve a mirarse al espejo. Quizá fuera por esto, supongo. Y también porque me gustaba imitar las letras del rock. En aquella época yo quería escribir como Paul Simon. Después seguí escribiendo, pero sin publicar nada durante mucho tiempo. ¿Por qué? Por la sencilla razón de que los poemas no me gustaban. Y pasaron los años, muchos años, hasta que publiqué un libro. Fue a una edad tardía, a los 44 años, cuando otros poetas se retiran porque ya lo han dicho todo. Después seguí escribiendo durante una década, casi sin parar, y los endecasílabos fluían a una velocidad endiablada que a veces incluso resultaba dolorosa (el metrónomo parecía haberse vuelto loco). Pero de repente, ya lo he contado, la poesía dejó de aparecer. Ya no hubo revelaciones, es decir, epifanías. De vez en cuando, de tarde en tarde, me llegaba un poema suelto, uno solo, pero el caudal se había secado. Esperé y esperé, pero la poesía no volvió. Cuando esto ocurre –cuando la poesía no vuelve porque el metrónomo ha dejado de marcar el ritmo– uno lo vive como una injusticia. Pero jamás se nos ocurre que también era una injusticia que la poesía nos hubiera elegido a nosotros para entregarnos su don. Los hechos milagrosos carecen de explicación. Y la poesía es un milagro. No hay nada que hacer: sucede o no sucede. Por eso mismo titulé «Pero sucede» el mejor poema que he escrito, si es que esa afirmación no resulta demasiado rimbombante. «No sabemos por qué, pero sucede», dice el verso inicial. No se me ocurre una definición mejor de la poesía.

Este libro es una selección personal de los poemas que más me gustan de cuantos escribí en esos años de escritura frenética, con el añadido de otros poemas –pocos– que me han ido llegando en estos últimos años de silencio. El único criterio de selección ha sido una prueba muy sencilla: una vez leídos después de tantos años, estos poemas me seguían gustando. En cambio, muchos de los poemas que he releído me parecen postizos o forzados –el peor defecto de un poema–, así que he tenido que desecharlos. Pero estos 56 poemas han resistido.

No sé si 56 poemas son muchos o pocos, pero son los poemas que todavía me dicen algo cuando los leo. De algún modo, mantienen la vibración inicial que los hizo posibles. De algún modo, conservan el hálito de la poesía que se aparecía un buen día, sin preámbulos, sin hacerse anunciar, sin ningún tipo de cortesías, y me entregó el don de un poema. Por eso están aquí.

Una última aclaración sobre el formato de *Doce lunas*. Estoy convencido de que cada relato que escribimos contiene el relato de cómo se escribió ese relato. Y lo mismo podría decirse de los poemas: cada poema contiene el relato de cómo se escribió ese poema. De ahí que en este libro haya querido añadir al poema un relato que evoca las circunstancias en que ese poema se me reveló, es decir, las circunstancias de cómo llegó a ser escrito. Insisto en que se trata de un relato y no de un comentario. Y de este modo, cada poema va acompañado de ese relato. No es una explicación ni un análisis ni nada por el estilo. Simplemente se trata de evocar ese instante misterioso en que la poesía decidió hacerse presente sin que nada ni nadie supiera por qué.

He titulado este libro «Doce lunas» porque ese es el título de uno de los poemas que más me gustan de todos cuantos he escrito. Las doce lunas del poema son los doce meses del año, pero también son las fases de la vida, de toda una vida. Cuando lo escribí, hace casi 25 años, mi vida se ajustaba más o menos al mes de septiembre. Ahora he llegado al mes de noviembre, o incluso a diciembre. Y tal como se dice en el poema, en ese mes de diciembre

> [...] no hay sino memoria que regresa
> con las manos vacías, y una casa
> desierta, y la certeza de que nunca
> volveremos a ver a quien se ha ido.

No es mal momento para publicar este libro.

Sevilla, 18/10/2023

NOTA: Algunos de los poemas se ofrecen en versiones ligeramente distintas de las aparecidas en otras publicaciones anteriores. Los cambios son mínimos, y los poemas retocados son muy pocos. Hay cinco poemas inéditos y cinco que sólo salieron en revistas. Todos los relatos ven la luz por primera vez en *Doce lunas*.

DOCE LUNAS

PERO SUCEDE

No sabemos por qué, pero sucede.
Una niña perdida vuelve a casa.
Llueve y llueve en mitad de un gran desierto.
El cielo se abre en dos, y nos acoge.
Los muertos nos susurran al oído.
Un testigo prefiere la verdad
al dinero o la calma. Un ambicioso
rechaza la injusticia provechosa.
En una celda inmunda, un pobre diablo
se niega a delatar a un compañero.
Una mujer y un hombre –o bien dos hombres,
o dos mujeres– se aman hasta el fin.
Y una familia entera, en la cámara
de gas, se abraza y da gracias a Dios.

PERO SUCEDE

Era un cálido día de febrero de 1999. Mi hija Vera tenía un año. Yo la llevaba en cochecito por la Puerta de Jerez, en Sevilla. Cuando pasábamos frente al palacio de Yanduri, sentí una fuerza inexplicable que ascendía desde la tierra y que me dictaba estas palabras: «No sabemos por qué, pero sucede». Cuando llegué a casa, nada más bajar a Vera del cochecito, corrí con mi hija en brazos a escribir el poema en el ordenador (siempre que puedo, escribo los poemas en el ordenador). Algunos versos los escribí con una sola mano, mientras sostenía con la otra a mi hija. Y el poema, como aquel que dice, se escribió solo. No sabemos por qué, pero sucede.

DESPERTAR

Cuando, al alba, tiritan los estanques,
regresan los milagros infinitos.
Los ríos se confunden con los mares.
Una nube se forma en el vacío.
Los niños, revolviéndose en la cama,
sueñan que son princesas, trenes, magos.
Florece un huerto yermo, y vuelve el agua
al río que se fue sin dejar rastro.
Los pájaros reviven, cambia el viento,
se enciende el mar, y todos los que se aman
recrean otra vez el universo
con abrazos que duran mil mañanas
(y luego se deshacen como nubes).
¿Y qué más da? Las cosas son eternas
mientras no haya un ayer que las ensucie.
Aún no existen barrotes en las celdas.
Y cada ser tocado por las luces
es una vasta tierra que despierta.

DESPERTAR

No fue un buen verano. Yo tenía que terminar un libro que no acababa de cobrar vida, *Norte Grande.* Mi hijo pequeño tenía tres meses. La salita del apartamento diminuto donde pasamos el mes de agosto estaba llena de libros y mapas y papeles. Casi no podíamos movernos. Fueras a donde fueras, te chocabas con un cochecito, trastos de playa, pelotas, gafas de buceo, el maldito ordenador, los papelotes dispersos por todas partes. Hacía tanto calor que nadie conseguía dormir. Y de madrugada, poco antes de que saliera el sol, se oía toser a alguien en el apartamento de al lado. Era una tos seca, áspera, trabajosa. Parecía un hombre mayor y muy enfermo. Nunca supimos quién era. Ninguno de nuestros vecinos de apartamento parecía corresponderse con la imagen que nos habíamos hecho de aquel hombre. Pero cada noche, a la misma hora –poco antes del amanecer–, se oían las toses en el apartamento de al lado. Una de aquellas noches las toses me despertaron. Sin saber qué hacer, me asomé a la ventana. Se veía una gran luna llena sobre la piscina de la urbanización. Todo estaba en silencio, aunque las toses seguían sonando. Me pregunté si nuestro vecino estaría mirando en aquel momento la piscina vacía y la luna llena que se reflejaba en el agua inmóvil. Bajo aquella luna no parecía posible ni la enfermedad ni el dolor ni la muerte. El poema, supongo, surgió de aquella luna llena reflejada en la piscina.

LAMENTO DE OFELIA

Quise dártelo todo, mi principio
y mi fin, mi tortura y mi júbilo,
mis mañanas de sol y mis noches de invierno.
Quise darte la alquimia de mi vientre,
con la que soy capaz de dar la vida
al espasmo que tú olvidas tan pronto.
Quise darte estas flores, este río.
Quise darte este cuerpo que se llevan las aguas.

Pero a ti te atrapó el trabalenguas de este mundo.
Te extraviaste en palabras malolientes
como tus calzas y tu miedo amargo.
Y a ellas las amabas más que a mí,
por mucho que dañasen como úlceras
el último repliegue de tu espíritu.
¿Y qué fue de mi pelo? ¿Y mis canciones?
¿Y qué fue de este cuerpo que se llevan las aguas?

Y ahora, quédate con tu infinito.
Te cedo la negrura de la noche
y el gusano que anida en todo entendimiento.
Te cedo el todo y la nada, la música
de las estrellas perdidas. Te doy
la mano fría de esta aurora fría
y un mundo de palabras sin sentido.
Te doy la eternidad. Te doy el miedo.
Te doy la luna llena que me alumbra.
Dile adiós a este cuerpo que se llevan las aguas.

LAMENTO DE OFELIA

No sé si vi el cuadro en la National Gallery o en la Tate Gallery de Londres, en el lejano verano de 1973: una muchacha con un vaporoso vestido blanco que flotaba en el agua rodeada de plantas acuáticas (ranúnculos, ortigas, margaritas, orquídeas). Era la Ofelia de John Everett Millais. A primera vista, parecía que Ofelia ya se había ahogado en el riachuelo. Pero si uno se fijaba bien, había varios detalles que indicaban que la muchacha quizá estaba aún viva. Ofelia tenía los ojos entreabiertos. Las dos manos estaban extendidas fuera del agua, como si intentaran abrazar a alguien. Y sobre todo, Ofelia tenía la boca abierta e incluso parecía estar diciendo algo. ¿Estaba muerta? ¿O todavía estaba viva? Años después, cuando leí *Hamlet*, supe que Ofelia se ahogó «cantando fragmentos de viejas tonadas como ajena a su trance». Y entonces lo supe: la Ofelia de Millais estaba a punto de ahogarse, pero todavía tenía fuerzas para cantar. Millais la había atrapado justo en ese momento en que «sus vestidos, cargados de agua, no tardaron mucho en arrastrar a la pobre con sus melodías a un fango de muerte», tal como dice la reina Gertrudis cuando relata su muerte. Pero ahí, en el cuadro, Ofelia todavía no había sido arrastrada al fango. Una canción moribunda flotaba aún en sus labios.

La poesía suele actuar con efectos retardados, al menos en mi caso. Tuvieron que pasar casi treinta años para que aquellas canciones de Ofelia cuando estaba a punto de ahogarse se convirtieran en las palabras que Ofelia nunca se atrevió a dirigirle cara a cara al frío y distante Hamlet.

CORAZÓN

A Kay y Jim Salter

Ven aquí, corazón.

Estás rabioso.
Estás cansado.
Estás de mal humor.

Descansa.

Escucha, escucha.
Estate alerta.
Hay un pájaro, un río,
y están dentro de ti.
El jardín del Edén
está dentro de ti.

No rabies.
No desfallezcas.

Late despacio,
aquí,
aquí cerca,
como quien duerme
tras la primera noche del amor,
como quien besa
por vez primera
un pezón henchido de deseo.

Late, late
tranquilo,

incansable,
aquí cerca.

Despacio, con dedos suaves,
como aquella mujer
que amortajaba a los muertos.

Despacio,
muy despacio,
como una nube a punto de perderse
sobre ninguna parte.

CORAZÓN

Hubo un tiempo en que nos despedíamos de los muertos. Y este poema surgió de una de esas despedidas. Los detalles de aquel día se niegan a desaparecer. Cuando entramos en el dormitorio, había una bombona de oxígeno junto a la puerta. Alguien la había apartado para dejar el paso libre, pero la bombona seguía allí, como un sirviente que se resiste a abandonar a su amo cuando este ya no lo necesita. El marido –ahora ya viudo– lloraba, o más bien lloriqueaba, al lado de la cama. Y sobre la cama estaba aquella mujer, muy serena, idéntica a como yo la recordaba en vida, quizá un poco más delgada, sólo eso, más delgada y quizá también más atenta, como si hubiera extremado toda su capacidad de atención en el momento de morir. No sé por qué, me pareció que esa calma inalterable que surgía de ella nos llamaba y nos decía: «Venid, acercaos, no tengáis miedo». Y sí, claro, nos acercamos a ella. Y no tuvimos miedo.

Fue después, al salir del dormitorio, cuando alguien nos contó que una de las sobrinas de la mujer que yacía en la cama la había amortajado unas pocas horas antes. La mujer no tenía hijos, pero sí sobrinas, muchas, y fue una de esas sobrinas la que se encargó de amortajarla en aquel mismo dormitorio. En realidad, las cosas no habían sido muy distintas a como eran en los tiempos del antiguo Egipto, cuando se realizaba el ritual de la apertura de la boca y alguien susurraba en la boca del muerto: «He venido a abrazarte. Soy Horus. Yo he presionado tu boca, yo soy el hijo que amas».

Es curioso, pero uno de los poemas más esperanzados que he escrito surgió de aquella visita de despedida. Ahora vuelvo a ver la bombona de oxígeno junto a la puerta, la cama, el cuerpo tendido, la calma inalterable, la atención extrema. Y el corazón continúa empeñándose en seguir latiendo.

Este poema está dedicado a James Salter y a su mujer Kay, a quienes tuve la suerte de conocer en Sevilla. Cuando estuve en casa de los Salter, en Bridgehampton, en Long Island, Salter me llevó en su viejo Mercedes hasta la playa de Sagg Main, que estaba a eso de un kilómetro de su casa. Estuvimos paseando por la playa, a la que Salter iba a bañarse todos los días desde la primavera hasta el primero de noviembre, y me enseñó el lugar donde había estado a punto de ahogarse cuando lo pilló una mala ola (luego lo contó en *Todo lo que hay*). A la vuelta fue cuando me dijo que le había gustado mucho el poema «Corazón» (luego Kay me dijo que Salter tenía el cuadernillo con el poema en la pequeña biblioteca de su dormitorio, entre los libros que más quería). Oír eso fue una de las mayores alegrías de mi vida. Y más aún porque escribí ese poema pensando en una frase de Salter que leí en *Quemar los días* y que desde entonces se me aparece en mitad de la noche como si fuera el lema de un escudo de armas que pudiera traspasar la oscuridad: «Lo hermoso vive, lo demás muere, y todo es absurdo excepto el honor, el amor y lo poco que el corazón conoce».

Lo poco que el corazón conoce.

EL TORDO

Lo habían atrapado en una red
untada de materia muy viscosa.
Desde el amanecer hasta la noche
intentó desprenderse.
Desde el amanecer hasta la noche
quiso extender las alas
y volar hacia el mar o las colinas.

Cuando lo vi, miraba exhausto
la luz agónica:
su propia luz,
su propio corazón,
su propia vida.

Quizá había volado desde Rusia
o más lejos aún.
Llevaba, sin saberlo, en su cuerpo agotado
las estepas sin fin,
las sombras movedizas de las nubes,
el frío amanecer en un estanque,
las estrellas, el sol, y las cien lunas
del otoño y la siega,
y el viento fatigado y el viento rabioso
(y a los dos los había derrotado).

Tenaz, muy orgulloso,
lo intentó una vez más,
aunque nunca llegó a extender las alas.

Así murió. Y así quiero morir.

EL TORDO

Era un día de otoño en la Comuna de Valldemossa. Mis abuelos se habían quedado en el pueblo y me dieron permiso para que me fuera a explorar la montaña. «Explorar», eso dijeron. Y mi abuela añadió: «Y ten cuidado si te sale una gineta». Lo dijo en catalán de Mallorca, cosa que le dio mucho más misterio a la palabra «gineta». Yo nunca había visto una gineta y ni siquiera sabía muy bien qué era. ¿Un gato salvaje? ¿Un perro asilvestrado? Como es natural, no me hacía ninguna gracia encontrarme con una gineta, pero me metí en la montaña y fui ascendiendo hacia la cima. Según me habían dicho, si caminaba un buen trecho podría llegar a ver el mar desde la cumbre de la Comuna. Es posible que mi hermano fuera conmigo aquel día, pero no lo recuerdo. Si me acompañaba, su recuerdo se ha desvanecido. ¿Por qué?

Me encontré con el tordo cerca de la cima, en un lugar donde había un paso entre árboles que los cazadores usaban para extender sus redes, los *filats*, como los llaman en Mallorca. Yo no sabía nada de caza y sigo sin saber nada, pero luego mi abuelo me contó algunas cosas sobre las técnicas de caza y también leí todo lo que cayó en mis manos. El caso es que el tordo no estaba atrapado en una red, sino en una trampa mucho más cruel porque la red estaba untada de una sustancia pegajosa —el visco, la llamaban— y además estaba camuflada por una pequeña construcción de ramas. El tordo que oía el reclamo y pasaba por allí se quedaba atrapado sin remedio. Lo extraño es que no hubiera nadie por allí cerca, o al menos yo no vi a nadie. Sólo estábamos el tordo atrapado en la trampa y yo. Sentí tanto miedo al ver a aquel tordo —y no sólo miedo, sino también rabia y vergüenza— como si me hubiera encontrado con la gineta de la que me había hablado mi abuela. ¿Dónde demonios estarían los cazadores? En aquella época no estaba prohibido cazar con visco ni usar trampas, así que no había ningún problema legal. Quizá se habían olvidado de aquella trampa, o quizá ya no les interesaba aquel tordo, que no era muy grande y que lo único que quería era comerse las aceitunas de los olivos cercanos. Probablemente no les valiera la pena atrapar un único tordo y allí lo dejaron. Cuando volví al pueblo me temblaban las piernas. Mi abuela me preguntó si me había encontrado la gineta y le contesté que creí haber visto una al acecho, oculta entre los árboles, cerca de la cima de la Comuna, pero que seguí adelante. «Eres valiente», me dijo. Le agradecí sus palabras. Sobre todo porque aquel día, después de haber visto al tordo atrapado en la trampa, yo sabía que no lo era. ¿Valiente? En absoluto.

Esta vez, el poema tardó unos cuarenta años en hacerse presente. Dan Kaplan le puso música. No sé cómo lo hizo, pero el sonido del viento de otoño quedó atrapado en su música. Y más difícil aún, también consiguió captar los débiles aleteos de aquel tordo atrapado en la red.

EL POEMA QUE MI ABUELO
NUNCA ESCRIBIÓ

Los míos no dejaron documentos.
Nada se sabe de ellos, más allá
de algunas conjeturas. Fueron pobres,
nunca hicieron preguntas, aceptaron
todo cuanto el buen Dios les destinó.
Comieron, engendraron y murieron
sin orgullo y sin odio, jubilosos
si llegaban a viejos, y afligidos
si debían marcharse antes de hora.
En catalán se amaron e insultaron,
y en catalán se despidieron de este mundo,
y me siento un traidor al evocarlos
en una lengua que ellos no entendían.
Dejaron pocas fotos, escasas posesiones,
ningún escudo heráldico. Fueron campesinos,
cocheros, empleados, cocineros:
gente sin importancia que no ensució la Historia
porque la Historia, por suerte, no se acordó de ellos.
Si protestaron, siempre fue en voz baja.
Los oyeron sus hijos, sus mujeres, sus amos,
pero nunca el buen Dios, duro de oído.
Y ahora están mezclados con la tierra
y forman el paisaje de un suburbio.
Son esquinas, colmados, adoquines
y cafés llenos de humo. Son caballos
rodeados de tábanos. Son tapias.
Son plazuelas desiertas con farolas,
tal vez cascotes, grúas, barro. Sé
que nadie los reclama ni recuerda.
Con ellos no fue próspera esta isla,

ni tampoco más pobre. Nada deben.
Nada importante hicieron o dejaron.
Ni siquiera yo sé cuál es su historia,
y aunque la conociera, también sería inútil.
¿Quién podrá redimirlos, devolviéndoles
todo cuanto les fuera arrebatado?
De nada servirán estas palabras.
Irán, como las vidas de los míos,
como su amor y su fe, su alegría
y su temor, a perderse muy pronto
en esta oscuridad que nos envuelve.

EL POEMA QUE MI ABUELO NUNCA ESCRIBIÓ

Mi abuelo se llamaba Rafael Jordá Clar. No es el abuelo que he citado cuando hablaba de «El tordo» –ese es mi abuelo *xueta*, de Manacor, de nombre Miguel Forteza Aguiló–, sino mi abuelo paterno, mi abuelo Jordá. A este abuelo nunca lo conocí. No sé muchas cosas de él. Sé que nació en un arrabal de Palma de Mallorca, en Son Rapinya, o más bien en La Vileta aunque su inscripción de bautismo está fechada en Son Rapinya. Sé que su padre era un simple cochero, aunque figuraba como «jornalero» en la partida de bautismo de su hijo. Sé que descendía de una larga estirpe de Rossellós y Clars y Capllonchs y Togores. Cuando era muy joven, durante le I Guerra Mundial, emigró a Marsella y empezó a trabajar de pinche de cocina en un bistró. Dormía en el suelo, sobre los tablones llenos de serrín que había detrás de la barra. Con el tiempo logró irse a París, donde encontró un trabajo de segundo cocinero en el Restaurant Prunier, que estaba en el número 9 de la rue Duphot (ahora ya no existe en esa misma dirección). Ernst Jünger iba a comer allí durante los años de la ocupación alemana –lo cuenta en *Radiaciones*–, y un día me pregunté si mi abuelo habría salido alguna vez a saludarle al final de la comida (y temblando de miedo, imagino: al fin y al cabo, Jünger era un oficial alemán en un país ocupado), pero evidentemente ese encuentro era pura elucubración. Mi abuelo volvió a Mallorca a mediados de los años veinte y ya no regresó a París, de modo que nunca pudo haberse encontrado con Jünger en Prunier. Aun así, mi padre nos contaba que la dueña de Prunier se acordaba de aquel cocinero mallorquín que lucía un bigote a lo Clemenceau y que un día llegó desde Marsella dispuesto a hacer lo que fuera con tal de tener un trabajo decente.

Y más o menos lo consiguió. Cuando volvió a Mallorca, mi abuelo aparentaba aires de *boulevardier*: lucía un sombrero de galleta –el «canotier»– y un bastón con empuñadura de marfil, simulando que jamás había tenido que dormir en el suelo de tablas de un bistró. Aunque hablaba poco, todo el mundo sabía que hablaba el francés mejor que el castellano. Con los ahorros que se trajo de Francia, compró Can Joan de s'Aigo y abrió el restaurante Oriente en la Plaza de las Tortugas. Por lo que sé, hizo infeliz a su mujer, y se decía que en la buhardilla de nuestra casa de Porto Pi se guardaban unas cartas misteriosas dirigidas a otra mujer, aunque yo nunca llegué a verlas (cuando era niño las busqué en varios baúles pero no llegué a encontrar nada). En lo económico las cosas le fueron mucho mejor, al menos hasta que quebró el Banco de Crédito Balear y perdió todos sus ahorros. Eso ocurrió en diciembre de 1934. La quiebra fue causada por uno de sus mejores amigos, directivo del banco, que acabó suicidándose en París al no poder soportar el escándalo. «*Paper banyat, paper banyat*», decía mi abuelo –según me contó mi padre– cuando miraba los títulos de crédito que le habían entregado en el banco a cambio de sus ahorros perdidos que ahora ya no valían nada. Tuvo que despedir al chófer –un tal Mateu–, aunque pudo conservar el coche, un Ford V8, que le fue requisado cuando empezó la guerra civil. En esos años, mi padre tenía que ir a clase con unos viejos pantalones de mi abuelo que le había remendado el sastre Oliver.

Mi abuelo jamás se repuso de aquella quiebra. Murió cuando apenas tenía sesenta años, avejentado, desilusionado, abatido y más silencioso que nunca, añorando tal vez aquel mostrador de Marsella y la cocina humeante de Chez Prunier.

Escribí este poema cuando vi por casualidad una foto suya entre los papeles de mi padre. Ninguno de los antepasados de mi abuelo –aquellos Jordá y Clar y Rosselló y Togores de La Vileta y de Son Rapinya– había dejado el más mínimo rastro de su paso por la tierra. Eso era evidente porque una vez hice una búsqueda en Google y no pude encontrar nada de ninguno de ellos. Repetí la búsqueda bastantes años más tarde y tampoco logré encontrar nada. Ninguno de aquellos antepasados había dejado la menor huella. Justo por eso intenté prestarles mi voz a través de la voz de mi abuelo. Al principio tuve ciertas dudas con respecto al idioma, porque mi abuelo seguramente habría preferido escribir el poema en catalán, la lengua natal que él amaba con toda su alma a pesar de que no era nada nacionalista. Pero luego pensé que esos escrúpulos no tenían mucho sentido. En el mundo de mi abuelo, la poesía era un pasatiempo inútil al que ninguna persona sensata iba a entregarle ni media hora de su tiempo, así que daba igual si el poema estaba escrito en catalán o en castellano.

En estos últimos años, este poema ha circulado por internet con el título erróneo de «Nada deben». Me gusta que le hayan cambiado el nombre: eso indica que ese poema se ha convertido en otro poema muy distinto del que yo compuse. Y bien mirado, que un poema circule con otro nombre y quizá con los versos cambiados, y que la gente lo atribuya a otra persona muy distinta de quien realmente la inspiró, no me parece un mal destino para un poema. Esa es la modesta inmortalidad que se ha ganado. Y eso es lo mejor que le puede pasar a un poema.

EN EL QUINTO AÑO DEL REINADO DE HUI-TSUNG

Comemos brotes de bambú.
La lluvia de ayer, hoy es un carámbano.
No queda leña, y oigo ya los pasos
del hombre que recauda los impuestos.
Un cuervo es más dichoso que nosotras.
Pero siempre que cojo a mi hija en brazos,
me siento poderosa y pierdo el miedo.
Ella y yo, solas,
podríamos parar a cien caballos.
Ella y yo, solas,
podríamos echar a un emperador injusto.
Ella y yo, solas,
podríamos salvar un reino en ruinas.

EN EL QUINTO AÑO DEL REINADO DE HUI-TSUNG

Compuse este poema el miércoles 30 de septiembre de 1998. No es un alarde de memoria, sino que tengo anotado todo lo que ocurrió aquel día en mi diario. Aquel día hacía calor (era el veranillo de San Miguel), después de dos semanas de tiempo desapacible y lluvioso. Yo empujaba el cochecito de mi hija por una calle impersonal de mi barrio. A la izquierda se veían los restos de un acueducto romano: una obra de sillería que parecía el decorado mutilado de una mala película de romanos. La acera no estaba asfaltada: íbamos sobre arena y grava, así que el cochecito se quedaba encallado cada dos por tres. Mientras lo empujaba, sentí una fuerza inconcebible empujando el cochecito de mi hija. Y también, de repente, me acordé de una mujer china que lloraba bajo la lluvia con un bebé en brazos, frente a un *parking* de Nueva York. Y allí mismo, entre el estampido de los coches que pasaban por la avenida, pensé en el lamento de una campesina china, muerta de hambre y frío, que se sentía poderosa cada vez que cogía a su hijita en brazos. En un relámpago el poema se me vino a la cabeza. Dos o tres minutos después, en un semáforo, un coche blanco que surgió de la nada estuvo a punto de atropellarnos. Fue, como suele suceder, cuestión de segundos. Cuando llegamos al otro lado de la calle, me agaché y cogí a mi hija en brazos. El caso es que el poema ya estaba escrito cuando llegué a casa, media hora después. Sólo tuve que poner en marcha el ordenador y el poema se escribió solo.

El emperador Hui-Tsung, de la dinastía Song (Song Huizong, en la transliteración pinyin), fue un gobernante real que dejó una merecida fama de incompetente. Parece ser que amaba demasiado las artes como para preocuparse del gobierno del imperio. En una *Historia de los emperado-*

res de China se le menciona por su afición a transportar piedras perforadas y árboles de formas extrañas. Todo lo demás que se cuenta son desgracias para el imperio. Hui-Tsung fue depuesto por uno de sus hijos y poco después los manchúes lo apresaron con toda su familia. Murió en 1135 después de haber pasado nueve años en cautividad. Fue contemporáneo de la poeta Li Quing Zhao, una de las mejores poetas chinas de todos los tiempos. Escuchémosla.

Los gansos salvajes vuelan por encima de mí.
Me desgarran el corazón.
Fueron nuestros amigos en otros tiempos.
Amontonados, marchitos, muertos,
los crisantemos dorados ensucian el suelo.
En esta estación no podría soportar
recogerlos. Estoy sola,
inmóvil frente a la ventana,
contemplando las sombras que se agolpan.

Cuando escribí el poema, intenté aplicar las enseñanzas que descubrí en uno de los primeros libros de poesía que leí cuando tenía 16 o 17 años: la antología de poesía china traducida por Marcela de Juan (o Ma Ce Hwang) y publicada por Alianza en 1973. Si tuviera tiempo –no lo tengo– me gustaría contar la historia de esa mujer extraordinaria que fue Marcela de Juan, nacida en La Habana en 1905, hija de un diplomático chino destinado en Cuba y de una mujer belga de la buena sociedad. Ma Ce Hwang –le gustaba trasliterar su nombre como Marcela de Juan– pasó su infancia en España hasta que partió con su familia a China en 1913. En China asistió a la boda del último emperador, Pu Yi, y se relacionó con los intelectuales que fundaron la efímera república de Sun Yat-sen. Ma Ce Hwang regresó a España en

1928 y se afincó en Madrid, donde trabajó de funcionaria en el Ministerio de Asuntos Exteriores hasta su jubilación. Según me contó Aquilino Duque, estaba casada con un Rodríguez Acosta de Granada. No sé mucho más de su vida. O bueno, sí, sé lo mucho que me habría gustado conocerla.

CUL-DE-SAC

No sé muy bien en qué ciudad me encuentro.
La luz es indecisa. Un gato huye.
El viento sur –un crápula impotente–
manosea naranjas y hojas secas.
Las persianas chasquean. Mi hija duerme.

El mundo es un impío prestamista
al que nada le debo. Que otros corran.
No me importan los éxitos ajenos.
Lejos está el dolor de los que sufren.
Los gansos vuelan rápido hacia el sur
y sé que deberían ir al norte.
Les deseo buen viaje, y los olvido.
No se oyen coches. Nadie está en la calle.
Y este oscuro gorrión en mi ventana
es la voz primordial del Paraíso,
y canta ahora sólo para mí.

CUL-DE-SAC

Era un domingo de verano y hacía un calor de mil demonios (teníamos «levantazo» en Sevilla). El único sonido que se oía en nuestra calle era la brusca detonación de las naranjas que se estrellaban contra el asfalto. Si el idioma español en su variante andaluza fuera un idioma tan complejo como el islandés, ya habría inventado un sustantivo que designara el sonido de las naranjas maduras que se estrellan contra el suelo en los domingos de verano. Aquel domingo, hacía poco que un amigo me había llamado para comunicarme orgulloso un reciente éxito editorial. Mis manuscritos, en cambio, sólo habían recibido rechazos. Yo ya no era joven, nada joven, pero mi carrera –si es que podía llamarse así– era un completo fracaso. Miré nuestra calle, un callejón sin salida tranquilo y apartado, y me acordé de los letreros de «Cul-de-sac» que había visto en algunas callecitas de Londres. Y sí, mi carrera –y quizá también mi vida– estaba confinada en un *cul-de-sac*. Pero luego recordé la luz cremosa del verano inglés y los paseos interminables que yo había dado por el sur de Londres cuando era muy joven. Y oí que mi hija se revolvía en su cuna, en la habitación de al lado. Vi los gorriones que revoloteaban sobre la viña virgen al otro lado de la ventana. En la calle, otra naranja se estrelló contra el suelo. Todo estaba en orden. Todo estaba en paz. ¿Qué más podía pedir? Volví al escritorio. Y cuando me di cuenta, ya no tenía nada más que decir.

TRES FRESNOS

Aquel año el otoño llegó pronto.
Llovió en junio, hizo mucho frío en julio.
El viento derribó los almiares,
los cuervos se ocultaban en las cercas.

Junto al camino había tres fresnos.
Los tres perdieron sus hojas,
las semillas cayeron al suelo encharcado.
En agosto eran tres formas desnudas bajo la lluvia,
tres signos algebraicos olvidados en una pizarra.

No hubo verano para ellos,
ni un solo abejorro zumbó entre sus hojas,
ningún niño trepó a sus ramas altas.

Tres fresnos desnudos junto al camino.
No hubo verano para ellos.

TRES FRESNOS

Desde la cocina de la casa se veía una alambrada vieja, un prado lleno de hierbajos y una hilera de alerces. En un extremo de esa hilera, al lado de un camino que parecía no llevar a ningún sitio, estaban los tres fresnos. El lugar se llamaba Streamstown y era imposible encontrarlo en un mapa. Estaba a unos diez kilómetros de Crossmolina, en el interior del condado de Mayo, en la zona más aislada y olvidada de Irlanda. «*Mayo, God help us!*», exclamaban los irlandeses cuando llegaban al condado de Mayo. Lo contaba Heinrich Böll –que tenía una casa en Achill Head, en el extremo más occidental de Mayo– en su maravilloso *Diario irlandés*. Böll se lo oyó decir a un pasajero del tren que venía de Dublín cuando el convoy se dividió en dos y el vagón en el que viajaban empezó a adentrarse en Mayo.

Pero a nosotros nos gustaba aquella casa perdida en el interior de Mayo. La bañera se llenaba con agua amarillenta que tenía fragmentos de turba y teníamos que encender la chimenea con los bloques de turba fresca que nos regalaba Tony Cullen, el dueño de la granja que nos había alquilado la casa. Él mismo arrancaba los terrones que nos servían de combustible en la turbera que había a unos 15 kilómetros de su granja. Durante todo aquel verano no paró de llover y hacía un frío de perros. Lo primero que había que hacer por la mañana era encender la chimenea, que servía de termo para el agua caliente. No había otro sistema de calefacción, así que toda la casa olía a turba. Cada dos días, los hijos de Tony Cullen nos dejaban una coliflor y una botella de leche recién ordeñada junto a la puerta.

En el pueblo había un hotel –el único de la comarca– que tenía un *pub* y una sala de baile, el Dolphin. Tony Cullen me dijo un día que allí había actuado Hank Williams, cosa que no era verdad porque Hank Williams sólo salió una vez de Estados Unidos y fue para dar un concierto en Toronto, donde fue detenido por desórdenes públicos (y tuvo que pasar una noche en el calabozo). Pero yo fingí emocionarme y miré el salón de baile y le dije a Tony que sí, claro, que allí había actuado una vez Hank Williams, y los dos nos pedimos otra cerveza y brindamos por Hank Williams y por las turberas y por las granjas y por el equipo de rugby de Mayo, *God help us!*

Si mirabas hacia el sur de la casa se veía la gran cicatriz que recorría la ladera del Ben Nephin, la montaña más alta de aquella parte del mundo. De vez en cuando venía una urraca a posarse en el alféizar de la ventana. Golpeaba el cristal con el pico, toc-toc-toc, primero muy tímida, y luego con mucho más ímpetu, como si buscase a alguien a quien no veía desde hacía mucho tiempo, y luego se iba cuando no recibía respuesta. Alrededor de la casa no se veían nada más que almiares y cercas de piedra. Una vez nos encontramos el cadáver de un tejón enorme atropellado en un cruce de caminos. Otra vez buscamos un lugar llamado «La tumba de los dos reyes», pero no vimos nada más que hierba y piedras mohosas y bostas de vaca.

Pero allí estaban los tres fresnos, esqueléticos, desnudos, junto al camino que no llevaba a ninguna parte. Aquella parte de Irlanda había sufrido mucho durante los terribles años de la hambruna de 1846 y 1847 (*the Famine*, la llaman los irlandeses con una inflexión de terror en la voz). Encontré un libro en el que se detallaban los peores casos. Matthew Temple murió de hambre en las calles de Crossmolina en enero de 1847. Mary Minn y Patrick Gorman también murieron de hambre aquel año, junto con otros 16 residentes de la comarca. Bridget McDermott apareció muerta de hambre en marzo. La habían expulsado de la *workhouse*, el asilo para pobres donde se les daba comida a cambio de trabajo (forzado). Quizá la habían enterrado en uno de aquellos campos que daban al Ben Nephin, allí junto a los tres fresnos del camino.

Varios años después de nuestra estancia en la casa, Ann Cullen, la mujer de Tony, me envió una felicitación de Navidad. Contaba que se les había inundado la granja y que una tormenta les había destrozado el tejado del establo. Más tarde supe que uno de sus hijos –el que nos dejaba la coliflor y la leche– se había ido a vivir al Canadá. Luego me enteré de la muerte de Tony Cullen, que fue enterrado en el cementerio que estaba al otro lado de la carretera principal. Los tres fresnos, supongo, siguen allí, junto al camino que no parecía llevar a ninguna parte.

MUJERES ENAMORADAS

1

Cuando él está,
tengo un sol en el vientre
y otro sol en el pecho.
Cuando él se va,
hay una luna en mi vientre
y otra luna en mi pecho.

2

Te amaré hasta que seas una piedra.
Te amaré hasta que seas puro hielo.
Te amaré hasta que seas agua y aire.
Te amaré hasta que ardas en la lava.
Te amaré hasta que seas, como el óxido,
un polvillo rojizo entre mis manos.

3

La piedra, ya lo sé, se vuelve aire.
Es cuestión de paciencia y de tormento.
Nada puede durar más que una piedra,
nada puede durar más que el mismo aire.
Pero tú, ya lo sé, no volverás.
Y yo ya no seré sino una piedra
no rozada siquiera por el aire.

4

Cuando tú ya no estés, yo estaré aquí.
Cuando no seas nada, aquí estaré.
Cuando seas olvido y ningún hombre
recuerde que una vez dijiste amarme,
cuando canten las piedras, cuando mueran
los ángeles, aquí estaré, esperándote.

MUJERES ENAMORADAS

Ya no recuerdo dónde leí este poema muy breve, creo que bengalí, escrito hacia el siglo X de nuestra era:

> Si me quieres, ¿qué son todos los dones del mundo
>   para mí?
> Si no me quieres, ¿qué son todos los dones del
>   mundo para mí?

Creo que es el mejor poema de amor que conozco. Por mucho que uno lo intente, es imposible competir con la densidad emocional que ha quedado atrapada en las 25 palabras que forman este poema. ¿Quién lo escribió? No lo sabemos: es un poema anónimo del que no se sabe casi nada. ¿Lo escribió una mujer? ¿Un hombre? ¿Una adolescente? ¿Un anciano? Nada se sabe. Lo único que sabemos es que no se puede decir tanto con tan pocas palabras.

Y aun así, un día se me metió en la cabeza escribir algo que pudiera alcanzar un simple destello –no más que un destello– de la radiación emocional que posee este poema. Y eso fue lo que intenté con este breve ciclo de poemas. Por lo que recuerdo, se escribieron casi solos. No sé si es una buena o una mala señal.

HAIKU

Noche de junio.
Las ranas nos despiden
ebrias de estrellas.

–¡Hola!

Levanté la vista y vi dos sandalias de cuero que colgaban por encima de mi cabeza. Luego pude distinguir dos piernas que se balanceaban con alegría. Y más arriba, sentado entre las ramas de un pino, vi a un hombre que me sonreía. El hombre tenía un plato en la mano. Me lo señaló.

–¡Está bueno, eh!

Estábamos en una casita de piedra junto al torrente de Deià, muy cerca de la Cala. Unos amigos nuestros, Ralph y Mitsuko –él norteamericano de Fresno, California, ella japonesa–, se habían instalado en aquella casita desocupada. El dueño les dijo que podían ocuparla siempre que la cuidaran bien. Y eso hicieron. La casa era diminuta, pero tenía una especie de altillo que servía de dormitorio y estudio. Y en la planta baja había sitio suficiente para una cocina rudimentaria y una especie de sala de estar. Por suerte, había una terraza grande que daba al torrente. Durante todo el día se oía el ruido del agua que bajaba desde la montaña del Teix y desembocaba en la Cala. No había agua corriente: Ralph iba a buscarla con un cubo al torrente. Tampoco había electricidad. Creo que usaban linternas y lámparas de carburo.

Aquella noche de junio, Ralph y Mitsuko invitaron a su nueva casa a todos sus amigos de Deià. Mitsuko había preparado un sushi de lubina. Cuando llegamos ya era de noche. Ralph fue repartiendo la comida en platos de cartón y todos nos distribuimos por la terraza, que en realidad era el bosque de pinos. Algunos invitados comían en el puente de piedra que atravesaba el torrente. Otros estaban dentro de la casa. Otros subieron por la ladera de la colina y se instalaron en peñascos. Aquel hombre que me había saludado se había subido a un pino. Era sueco. Sonreía como el gato de Cheshire. Era marino, creo.

Ya muy tarde volvimos al pueblo. Yo tenía alquilado un apartamento diminuto en Can Ripoll. El apartamento pertenecía a Lady June, que en su juventud había sido una de las musas de Robert Graves, pero ella se había ido a Londres y me lo había cedido durante unos meses. En el dintel de cada puerta, Lady June había colgado un miembro desmembrado de una muñeca (un brazo, una cabeza, una pierna). En la cama del dormitorio tenía un juego de sábanas de color rojo sangre. Por entonces yo no lo sabía, pero luego supe que Lady June era la dueña del apartamento desde el que el músico Robert Wyatt se cayó al vacío en junio de 1973. Por lo que se contaba, Wyatt se metió en el baño con una mujer. Su pareja –Alfreda– se dio cuenta y empezó a aporrear la puerta. Wyatt, que iba muy pasado de rosca, tuvo un ataque de pánico y saltó por la ventana. Era un tercer piso. Quedó paralítico. Cuando salió del hospital, se casó con Alfreda.

Desde que conocí aquella historia, me intrigó descubrir el papel que podía haber jugado Lady June. ¿Fue ella la mujer que se metió con Robert Wyatt en el baño? Nunca llegué a saberlo. Como tampoco supe quién era aquel sueco que me saludó desde el pino. Y como tampoco supe quiénes eran muchos de los asistentes a la fiesta de Ralph y Mitsuko en su cabaña de piedra.

Lo que sí sé es que las ranas cantaban cuando subíamos por el camino del torrente de regreso a Deià. No croaban, no, sino que cantaban. Después pasamos junto a un estanque de riego, o un *safareig*, como decimos en Mallorca. Era una noche luminosa y las estrellas se reflejaban en el agua adormecida. Si uno se fijaba bien en el agua, hasta podía distinguir la Osa Mayor. La Estrella Polar asomaba un poco más arriba, igual que las piernas de aquel sueco subido a un pino con un plato de sushi en la mano.

Este haiku fue el primer poema que me atreví a publicar. Apareció, junto con otros haikus que ahora ya he olvidado, en una modesta publicación universitaria de Palma. Fue en 1985. Pero las ranas del torrente, ebrias de estrellas, siguen aquí.

UNA HOJA DE ARCE

A Renée Sallaberry

La rozo con el pie, en esta acera
muy cerca del Boulevard des Pyrenées.
Si una estrella rojiza anunciara al fin el alba
tras una larga noche de tormenta,
no sería más bella que esta hoja.

A lo lejos, las hayas del color de la arcilla
ocupan las laderas fatigadas
de las altas montañas que aún no han visto la nieve.
De momento, el otoño es muy benigno.
Y el mundo se desplaza muy despacio,
igual que una gabarra de carbón
al remontar un río de aguas sucias.

Si cojo esta hoja de arce, siento el peso
de un tiempo que quizá fue siempre justo.
Crepita como el fuego entre mis manos.
Fue una estrella de mar que no vio el agua.
Fue un murmullo de pájaros y ríos.
Y ahora es una pobre cosa
pero aún poderosa e invencible,
mientras perdure su color
que es de cobre y de hierro
como las fieras lanzas de la *Ilíada*
o como la corona de un rey bárbaro.

Si no me viera nadie
me inclinaría ante esta hoja de arce.
Tiene el color de un hombre

que se está despidiendo para siempre
de la única mujer a la que ha amado.

UNA HOJA DE ARCE

Nunca supe quién me invitó a participar en el Salón del Libro de Pau, en el sur de Francia, en noviembre de 2003. Es muy posible que algún funcionario de la Delegación de Cultura se equivocara y me enviara a mí la invitación que iba dirigida a otra persona. De lo contrario, no entiendo cómo pudo llegarme la invitación. Yo no conocía a nadie en Pau ni tenía editores en Francia. Mi fama como escritor –por llamarla de alguna manera– era mucho más que modesta. Cuando le pregunté a mi editor español de entonces, José Manuel Martos, si ellos me habían gestionado la invitación, me contestó que la editorial no había tenido nada que ver. Pero el caso es que me llegó la invitación. Y un día de otoño me vi aterrizar en el aeropuerto de Fuenterrabía, que está situado en la orilla misma de la ría del Bidasoa. Hay un momento del descenso en que el avión parece amerizar directamente sobre el agua en vez de tomar tierra.

Un francés muy aficionado al flamenco me llevó en coche hasta Pau, a 150 kilómetros de allí. Yo casi no conocía aquella parte de Francia. Años atrás, yendo a Irlanda en coche, habíamos bajado desde Roncesvalles y habíamos dormido en un pueblecito del País Vasco francés. Pero eso era todo. Para mí, Pau era territorio desconocido. Por la noche, al llegar, di un paseo por la ciudad. Las tiendas del centro vendían mermeladas, gruesos tarros de *paté campagnard* y un sinfín de terrinas de pies de cerdo. Las calles estaban repletas de hojas amarillas de haya. Al fondo de una placita, en la planta baja de un antiguo caserón rodeado de tuberías, se veía el letrero de una escuela de baile. ¿Qué sueños de gloria tendría la gente que aprendía a bailar allí?

Al día siguiente di otro paseo que me llevó al Boulevard des Pyrenées, la ronda urbana que bordea la zona sur de la ciudad y que ofrece una hermosa vista de los Pirineos. Los edificios parecían tan solemnes como un notario condecorado con la Legión de Honor. Había muy pocos paseantes. Sólo vi a una familia de hindúes que salía de una furgoneta y se metía en un restaurante diminuto, muy cerca del pasaje que llevaba al palacio del rey Enrique IV. Seguí caminando, mirando las primeras manchas de nieve que se veían en las lejanas cimas de los Pirineos. Y fue entonces cuando reparé en las hojas de arce caídas sobre la acera. Cada hoja caída tenía una tonalidad diferente. Las había rojizas, o de un extraño color bronce, o de una tonalidad como de vieja moneda oxidada, o de un desvaído tono caoba, o incluso de un rojo tan pálido que parecía ocre. Rocé una de aquellas hojas con la punta del pie. La hoja se quebró como un papel que arde en el fuego.

Regresé a casa un domingo frío y lluvioso. De camino a San Sebastián, por la autopista, a la altura de Orthez, un enorme arcoíris parecía ocupar todo el horizonte. En la autovía casi no había coches. Pude distinguir a una pareja que caminaba muy despacio por un sendero, ella con botas de agua, él con una gorra de lana, sin que ninguno de los dos pareciera preocupado por la lluvia dócil que caía. Más adelante vi una pila de troncos amontonados frente a un cobertizo, luego una manada de caballos grises que pastaban en un prado, luego un puente lejano y barcas inmóviles en el agua. Francia.

CARA Y CRUZ

¿Quién tuvo esta moneda entre los dedos?
¿Un mercader, un navegante, un hombre
que tocó por primera vez el júbilo
ardiente de la plata? ¿Un viejo incrédulo?
¿La besó algún mendigo? ¿Y qué filósofo
la usó para pagar a una ramera?
En la cara se ve un toro furioso.
El reverso es un dios que sonríe, indulgente.
¿Cómo iba a imaginar que la moneda
de una ignota ciudad mediterránea
iba a explicarme un día quién soy yo?

Un día apareció en la biblioteca de mi padre un libro sobre numismática. Se llamaba *A Catalog of Modern World Coins*. La edición, en tapa dura, era de 1962. El autor se llamaba –aún recuerdo perfectamente el nombre– R.S. Yeoman. Me fascinaba aquel nombre: Yeoman. ¿Cómo se pronunciaba? ¿Tendría algún significado? Me puse a buscar en el diccionario de inglés que me había regalado mi tío Gaspar por mi primera comunión. Y allí encontré la respuesta: *yeoman* era un pequeño propietario rural, una especie de hijodalgo con pocas tierras, un modesto hacendado.

Gracias a aquel libro, que traía cientos de ilustraciones, desarrollé una intensa etapa de afición a las monedas. Algún psicoanalista quizá pueda vincular esa afición por las monedas con los oscuros traumas de la fase anal-sádica, pero el caso es que algunas de aquellas monedas eran irresistibles. Recuerdo una moneda agujereada de diez céntimos, emitida en 1952 por el Reino de Laos, que mostraba el perfil de una mujer con la frente abombada y una especie de ensaimada en el moño. O la moneda de 10 paisa del rey Narendra del Nepal, acuñada en 1964, que exhibía un tridente flanqueado por una luna y un sol. Ay, quién hubiera podido tener esas monedas en la mano.

A partir de esas monedas contemporáneas pasé a interesarme por las monedas antiguas. Conseguí un catálogo de monedas romanas que me trajo mi padre de París, y luego pasé a las monedas griegas. Pero las mejores –aunque eran muy difíciles de encontrar en los catálogos– eran las monedas fenicias. Quizá no ha habido monedas tan bellas en toda la historia de la humanidad (al menos hasta que aparecieron, dos mil años más tarde, las monedas de la República de Irlanda, en cuyo Comité de Acuñación participó W.B. Yeats, senador de la República).

No hay épica alguna en el comercio (ni mucho menos lírica), así que los fenicios –que fueron mercaderes y navegantes en vez de guerreros– no han despertado admiración histórica. No conozco a un solo historiador que los haya elogiado o que los haya presentado como un modelo de civilización, y eso que los fenicios inventaron el alfabeto tal como lo conocemos, lo que no es poca cosa. Pero casi nadie sería capaz de definir el arte fenicio o la cultura fenicia, ya que no nos han llegado papiros ni poemas ni Libros de los Muertos, ni tampoco templos ni acrópolis. Ni siquiera recordamos los nombres de las batallas que libraron porque los fenicios no libraron batallas. A diferencia de las demás culturas que se iban expandiendo por el Mediterráneo, los fenicios no conquistaron sus colonias a la fuerza, sino que se limitaron a establecer factorías comerciales en la costa. De ahí que no se recuerde el nombre de un solo general fenicio (los cartagineses no eran propiamente fenicios). Tampoco conocemos los nombres de sus reyes ni de sus sacerdotes. Sólo nos han llegado los nombres de sus dioses, muchos de ellas diosas: Baal, Astarté, Anat... Eran diosas extrañas, caprichosas, crueles, deformes, diosas que no sabemos muy bien qué ritos exigían a sus fieles ni qué milagros obraban. Qué misterio, el de los fenicios.

Por eso hay muy poca gente que conozca la belleza de las monedas fenicias. Hay una pieza de plata, acuñado en Tiro, que muestra un delfín que salta sobre las olas, y en el reverso, una lechuza que carga con un cayado y un instrumento para la trilla. El mar y la tierra, la navegación y la agricultura, el estamento de los marineros –es decir, el de los mercaderes– y el estamento de los campesinos: todo cabía en esa pequeña moneda de plata. Y hay un siclo de Biblos que tiene un hipocampo en el anverso y un hipogrifo en el reverso, dos símbolos muy extraños para una moneda. Y en la isla de Arados, alguien diseñó un tercio de estátero que tiene en una cara la efigie laureada de Baal –Dios de los Cielos–, y en la otra una galera que surca los mares. Uno puede dedicarse horas y horas a mirar esas monedas desfiguradas y desgastadas. Todas ellas rebosan vida, sol, mar, tormentas, puertos, ciudades. Nada que ver con las figuras hieráticas que vemos en las monedas romanas.

La moneda del poema, por supuesto, es imaginaria. Ese toro y ese dios indulgente no existieron jamás ni en Fenicia ni en la antigua Grecia ni mucho menos en la Roma clásica. Pero ese poema –o esa moneda– es lo más parecido a un autorretrato que he escrito en mi vida.

MANZANARES

A veces nos ocurren estas cosas.
Entre una carretera comarcal
y un páramo color caldero roto,
de pronto, sin aviso, algo muy cálido
late en nosotros. Es la certidumbre
de que la tierra aquella, para siempre,
va a ser ya nuestra propia tierra.

Y hoy, otra vez, lo siento en Manzanares,
esta tarde de agosto, paseando entre casonas
que bellas no serán, pero que a mí,
por lo que saben, por lo que atisbaron,
más bellas me parecen que el palacio
del viejo Kublai Khan en Xanadú.
Una parte de mi hija
desciende de estas piedras, un poco de su historia
se dirimió aquí (y se saldó,
me temo, con derrota). No importa.
Miro la resignada línea del horizonte,
tensa como una piel de liebre.
La infinitud es una calma chicha
de arcilla y de sarmiento y monte bajo.
Y la vista se pierde en una turbia
alta mar de rastrojos calcinados.

Aquí se volvió loco el *genius loci*.
Y no fue una demencia comparable
con la psicosis blanca de la Antártida,
ni con la paranoica vastedad del desierto.
Fue una melancolía pertinaz, una lenta
esclerosis: lo bello se redujo

a cunetas con cardos en flor, y a los reclamos
de la perdiz en celo, y ¿por qué no?,
al rebuzno de un asno, y a un olor de melones
madurando en los campos, y a esta algarabía
de cuatro grajos que conversan
en la columna dórica de un silo.
Uno ha de conformarse con todo esto,
porque otras cosas no va a ver.

Pero la vida es un hábito
de hastíos y renuncias.
Y a fin de cuentas, la belleza
más deslumbrante acaba siendo,
tarde o temprano, un caldero roto
despreciado por cíngaros y grajos.
Y así, al caminar por este pueblo,
noto el vértigo fiel de los lugares
que una fuerza ignorada nos trasmiten:
aquí vivieron hombres y mujeres
cuya simple existencia, tan callada,
a diario nos obliga a ser mejores.

MANZANARES

Manzanares está en el corazón de La Mancha, en el centro de la provincia de Ciudad Real. Si naces en Mallorca, el paisaje de Manzanares te resulta tan extraño como el de la Patagonia. Campos de melones, vilanos de cardo flotando sobre las sementeras, hogueras de rastrojos, un milano que planea sobre hileras e hileras de viñedos. No hay mucho más. Nadie podría decir que se trate de un paisaje hermoso. Todo el mundo sabe que Cervantes situó la historia de don Quijote en La Mancha porque quería acentuar el contraste brutal entre los sueños de Alonso Quijano y la triste realidad de la desolada planicie manchega.

Pero ¿qué es lo bello? ¿Y por qué nos atrevemos a dictaminar que un paisaje es bello y otro no lo es? Me lo preguntaba cuando este poema empezó a rondarme la cabeza. Fue en un hotel de la costa norte de Mallorca, pocos días después de haber estado en Manzanares por primera (y única) vez en mi vida. El hotel de Mallorca se levantaba en un acantilado frente al mar, a unos 700 metros de altura. En otro tiempo había sido una de las posesiones del Archiduque Luis Salvador, que tenía aquí un hostal llamado Ca Na Magina. Todo el terreno en pendiente que bajaba desde el hotel hasta el mar estaba repleto de miradores y caminos construidos por el Archiduque, que lo consideraba –con razón– uno de los lugares más hermosos de Mallorca. Salías al balcón y sólo veías mar por todas partes. El agua era de un sereno azul cobalto, un color que cuando lo mirabas durante un buen rato te parecía el único color posible para expresar la generosidad del corazón humano. A cada momento, una corriente submarina formaba una nueva estela en la superficie del agua (en mi infancia, que pasé en una casa frente al mar, me entretenía mirando cómo las estelas de las corrientes aparecían y desaparecían en las aguas del puerto de Palma). En el horizonte se veía un carguero de color cobre sucio. Abajo, cerca de la orilla, los yates fondeaban junto al promontorio de Sa Foradada.

A la hora de la siesta, un halcón peregrino empezaba a volar sobre los pinos que llegaban hasta el mar. En la habitación de al lado había una familia galesa con dos niños. Los niños se llamaban Ben y Jamie y llevaban camisetas de la selección española de fútbol. Ben quería ser veterinario y Jamie quería ser periodista deportivo, pero lo que más les gustaba en la vida –aparte del fútbol– eran los pájaros. Cuando el halcón empezaba a planear frente al hotel, Ben y Jamie salían al balcón y empezaban a gritar «¡Ahí está! ¡Ya viene otra vez!», y enseguida se ponían a imitar con los brazos extendidos el vuelo silencioso del halcón. «*The hawk, the hawk!*», gritaban, mientras una sombra oscura se deslizaba muy deprisa por delante de nosotros.

Manzanares era justo lo contrario que el paisaje marino que teníamos delante del hotel: tierra parda, polvo, casas de ladrillo, silos, campos roturados. El paisaje de Ca Madò Pilla era uno de los más admirados y buscados del Mediterráneo, pero ¿quién querría encerrarse en un hotel a contemplar el paisaje de Manzanares? Y aun así, lo que sentí paseando por Manzanares en una asfixiante noche de agosto fue una emoción mucho más intensa que la que experimentaba mirando el mar en la costa norte de Mallorca. En Manzanares habían vivido los Pedrazo y los López de Pablo que ahora forman parte de la familia de mis hijos. Fueron gente pobre a la que la guerra civil maltrató de mala manera. Nunca se quejaron, nunca guardaron rencor, nunca dejaron que la amargura les carcomiera el alma. En vez de oscuridad, eligieron la luz. Así que la luz de Manzanares era una luz muy superior a la luz intacta de la costa norte de Mallorca. En la luz de Mallorca había belleza, sí, pero en la luz de Manzanares había bondad y había generosidad y había una testaruda resistencia frente a la adversidad y la desventura. Y eso era algo mucho más hermoso que todas las bellezas naturales del Mediterráneo.

Sé que este poema, «Manzanares», no es perfecto. «Es usted un buen poeta, pero a sus poemas les falta música», me dijo una vez Francisco Brines (fue la única vez que nos vimos). No sé si la primera afirmación es cierta, pero la segunda sin duda lo es. O al menos lo era en los primeros poemas que publiqué. Y eso está muy claro en este poema. Releído ahora, veo enseguida que le falta música. Tiene un ritmo astillado, bronco, demasiado trabajado. Hay hipérbatos que chirrían de mala manera. Y los versos no fluyen bien, no respiran de forma acompasada.

Podría haber retocado este poema, claro, pero al final me negué a hacerlo. La vida de los Pedrazo y los López de Pablo que habitaron en Manzanares, entre rastrojos y sementeras, se ajusta mejor a esta música un tanto desafinada. Su vida fue dura, áspera, difícil, y una vez traducida a un poema, no se correspondería bien con la musicalidad de un endecasílabo perfecto. No hay nada que embellecer ni retocar cuando una vida ha sido bella a pesar de que las circunstancias la empujaban hacia todo lo contrario.

EN LA BODA DE UNOS AMIGOS

¿Quién puede definir qué es el amor?
Es posible que el cosmos sólo exista
por un descabellado, inexplicable,
absurdo acto de amor. Y nadie puede
decir que ha estado vivo si no ha amado
al menos una vez, perplejo, incrédulo
y borracho de vida, invulnerable
y a la vez tembloroso, como un niño
que flota en un arroyo de agua oscura
a merced de la luz y del instinto.

Que el amor que hoy bendice esta ciudad
de iglesias, sinagogas y mezquitas,
nos haga respirar acompasados,
ilumine la vida, y nos enseñe
que nada vencerá a nuestra esperanza.
Si perdura el amor, resucita cada día
lo invencible que hay en nuestras almas.
Si hay amor, nuestra muerte se avergüenza
de venir a buscarnos, y vacila
aunque sea un instante, y tiene miedo,
y grita, y se enfurece, y se maldice.
Si hay amor, recreamos este mundo,
y es cierta la belleza, y retrocede
el incontable horror, y la concordia
se adueña de la vida en algún sitio.
Si hay amor, el milagro está en nosotros
y nosotros obramos el milagro.
Si hay amor, se levantan los muertos de sus tumbas.
Y una estrella extinguida
nos envía su luz.

EN LA BODA DE UNOS AMIGOS

Mi abuela Lola cosía a máquina en un balcón de la calle del Comercio, en el centro de Toledo. Ahora esa calle está llena de restaurantes para turistas y tiendas donde venden mazapanes y espadas, pero a comienzos del siglo XX debía de ser una calle más bien tranquila, frecuentada por cadetes de la Academia de Infantería, por parejas de mujeres que miraban los escaparates y por los aguadores que subían en burro los cántaros de agua. Rilke debió de pasar por delante de aquel balcón, en el frío otoño de 1912, cuando estaba tan deslumbrado por la intensidad que sentía en Toledo que creía que allí se manifestaba «el lenguaje de los ángeles, tal como ellos se las ingenian para convivir entre los hombres» (eso al menos contó en una carta). Nunca sabremos muy bien qué entendía Rilke por ángeles, pero Toledo debía de ser un sitio propicio para esta clase de iluminaciones. Y quizá aquel día, en la calle del Comercio, Rilke levantó la vista y vio el balcón de mi abuela y captó una luz encendida y pensó que sería maravilloso poder vivir allí, justo allí, él, que nunca había tenido una casa en ningún sitio.

Mi abuela debía de pensar de otro modo, porque conoció a mi abuelo Jordá en un barco que iba a Mallorca (cargado de cerdos, según la vieja historia que se contaba en casa), y ya nunca más volvió a Toledo. Es más, según la tradición familiar, antes de viajar aquel día a Mallorca –donde vivía una hermana suya–, una gitana le había pronosticado a mi abuela que se iba a casar con alguien a quien conocería en un barco cargado de cerdos. Y así fue. La cosa no salió bien. Por lo que sé, mi abuela jamás conoció el amor y su vida fue muy desdichada. Los domingos, a las doce en punto, la recogía un taxi –un viejo Davis con la capota gris– delante del restaurante de su marido y la llevaba a dar vueltas por Palma. Esa fue su única distracción. En sus últimos años, cuando ya era viuda, sufrió una artritis reumatoide que le deformó progresivamente las piernas y que al final le impidió moverse por completo. La recuerdo en su cuarto del piso de arriba de nuestra casa de Porto Pi, metida a todas horas en la cama y mirando los pinos que se veían por la ventana. Cuando volvíamos del colegio, subíamos a su habitación y ella nos ayudaba a hacer los deberes. No le gustaba sonreír. No le gustaba expresar sus emociones. No le gustaba que la tocasen.

Escribí este poema con ocasión de la boda de mi amigo Daniel Capó –una de las mentes más luminosas que hay en España– con Cristina Sánchez, que nació en los Montes de Toledo. Los dos se casaron en la ciudad de Toledo el 29 de abril de 2006. Mientras lo escribía tuve en mente a Dani y a Cristina, claro está, pero también pensé en mi abuela Lola cosiendo a máquina en el balcón cuando era una adolescente y luego postrada en la cama con todo el cuerpo deformado por la artritis. ¿Puede alcanzar el amor a quienes nunca lo han podido sentir? ¿Puede traspasar el espacio y el tiempo? ¿Puede lograr, como quería Rilke, expresar el lenguaje de los ángeles que llega por igual a los vivos y a los muertos? Cuando escribí el poema, durante un tiempo que ya no sé si me llevó diez minutos o diez días o diez años, estuve seguro de que sí era posible.

DE LA MANO

No somos mucho: un hombre y una niña
en la húmeda noche de verano.
Nadie nos mira, nadie nos conoce.
Y vamos de la mano entre las sombras,
sin prisa, mientras muge el mar inquieto.
Cantan los grillos. Tiemblan las luciérnagas.
La tierra recompone sus pedazos.

Incontables estrellas nos vigilan
con ojos ciegos, brillantes de asombro
mientras giran y pasan y se extinguen.
Nada es, si nada dura. Y caminamos
sin saber hacia dónde, ni si existe
el camino de vuelta, o si hay camino.
Pero sé que tu mano está en la mía,
y que todo irá bien si no la sueltas.

DE LA MANO

Un desconocido se me acercó en la librería Rafael Alberti de Madrid, donde yo acababa de leer poemas, y me dijo que había leído este poema en una boda civil (incluso me enseñó el folleto que había hecho imprimir, en el que estaba mi poema, acompañado de una cita de San Juan y otra de San Lucas). Y algún tiempo después, un conocido me dijo que iba a leer este mismo poema en la boda de unos amigos suyos. «Es que ese poema parece escrito para eso, para ser leído en una boda. Supongo que no te parecerá mal, ¿no?», me dijo. Y tuve que contestarle que no, que no me parecía mal, claro que no. Y otro día, yendo por la calle, me paró una mujer que había sido profesora de mi hija en la guardería. Primero me anunció que se iba a casar. Y luego me preguntó si me molestaría que ella leyera ese poema en la boda. Sólo haría un cambio: donde decía «un hombre y una niña», el verso pasaría a decir «una mujer y un hombre». ¿Estaba de acuerdo con aquel cambio? «Pues claro que sí», le dije. Y era cierto. Los poemas nunca están completos –nunca alcanzan su plenitud orgánica, como un árbol que echa hojas o un pájaro que aprende a volar– hasta que no pasan a formar parte de la vida de sus lectores.

Lo curioso es que este poema no fue escrito para ser leído en las bodas. De hecho, lo último que se me pasó por la cabeza cuando lo escribí fue que algún día iba a servir para desearle buena suerte a una pareja de novios. Incluso pensé, en su momento, que era un poema algo lúgubre y bastante desesperanzado, un poema que la gente iba a leer –si es que alguien lo leía– con cierto desasosiego, porque era un poema que tenía un aura sombría, no diré tenebrosa, pero desde luego sí inspirada por el miedo y la pesadumbre que producía ese miedo.

Ese poema, «De la mano», lo escribí a partir de un recuerdo que me traje de Zahara de los Atunes, en Cádiz, donde pasamos el verano del 2000. Todo surgió de un paseo que di con mi hija de dos años desde Atlanterra hasta Cabo Plata, un promontorio que da a la Playa de los Alemanes. Mientras caminábamos, se oían risas lejanas en algunos chalés, una luciérnaga temblaba en una tapia, un perro olisqueaba un cubo de basuras, pasaba un coche a lo lejos y el mar bramaba a nuestros pies. Cuando llegamos al promontorio, vimos luces al otro lado del Estrecho. Eran las luces de los edificios que daban a la bahía de Tánger, que parecía tan próxima que uno creía poder tocar los faros de los coches.

Poco a poco, mi hija y yo volvimos al apartamento que habíamos alquilado. Y de repente, en medio del camino, Vera me apretó muy fuerte la mano. Y en ese mismo instante me di cuenta de que acababa de hacerse de noche. Ahora, la oscuridad se extendía sobre nosotros. Y entonces supe que mi hija, por primera vez en la vida, se había dado cuenta de que algo muy raro estaba sucediendo: la noche –que era oscuridad y amenaza y silencio– se había echado sobre nosotros. Y ella tenía miedo, mucho miedo. Los últimos quinientos metros se negó a caminar y tuve que llevarla en brazos.

Pero de pronto me di cuenta de que mi hija respiraba más tranquila. El miedo había desaparecido, o al menos se había atenuado. La noche ya no era una amenaza que se abalanzaba sobre nosotros. Y todo porque yo la llevaba en brazos igual que antes la había llevado de la mano. Y entonces pensé –o mejor dicho, *supe*, porque no fue un pensamiento sino una revelación– que la vida no era más que eso: un viaje entre las sombras, un viaje en el que sólo nos acompañan las luces lejanas mientras la noche se abalanza sobre nosotros. Y lo único que uno podía pedir para hacer ese viaje, que nunca sabríamos cuánto iba a durar ni cómo iba a terminar, era ir de la mano de alguien más. De la mano, justo eso.

La poesía nació para ser leída –o cantada, o bailada, o recitada, o aullada– en los nacimientos, en las bodas y en los funerales. Si no sirve para eso, ¿para qué demonios sirve? Por eso me alegra saber que un poema que nació del miedo a la oscuridad haya servido para celebrar la unión de dos luces lejanas que han decidido convertirse en una sola luz que traspasa la oscuridad.

HIERBA SECA A LA LUZ DE LA LUNA

Moonlight on dry grass
ROBERT GRAVES

El prodigio, lo sé, no ocurre siempre.
Sólo a veces, muy pocas, nos es dado
sentir que ese milagro se produce.
O mejor, que el milagro está en nosotros
porque nosotros somos el milagro.

Sé de alguna mujer que puede hacerlo.
Siempre es discreta y tímida, y no llama
la atención, ni usa afeites ni conjuros.
Afortunado aquel que pueda verla,
y más dichoso aún quien reciba sus abrazos,
y feliz quien merezca un solo beso,
al modo de la luna que ilumina,
cuando llega el solsticio de verano,
una gran extensión de hierba seca.

Le ofrecemos la noche: ella la acepta;
y de pronto la noche, temerosa
del frío y las estrellas, se retira.
Le ofrecemos la niebla: ella la atrapa
y nos sabe envolver, muy poco a poco,
en hilachas que ahuyentan nuestro frío.
Le ofrecemos el llanto de ese pájaro
que lamenta el incendio de los bosques,
y ella canta también, hasta que brotan
las yemas primerizas en las ramas.
Le ofrecemos el agua sin orillas
de la memoria enferma. Le ofrecemos

la marea que arrastra los despojos
que tiemblan con la angustia de las noches,
y ella lo acoge todo y lo hace suyo,
y nada le repugna ni le extraña.

La mujer es aurora; el hombre, ocaso.
Y si ocurre el milagro, sólo entonces,
cada aurora rescata del exilio
al sol que ha muerto ya miles de veces.

HIERBA SECA A LA LUZ DE LA LUNA

Hacia 1970, vi a Robert Graves caminando por la calle San Miguel, en Palma. Graves era muy alto y el sombrero cordobés que llevaba –como en los anuncios de Tío Pepe– destacaba por encima de la gente que atiborraba la calle. Pero allí estaba él, con su chaleco negro y sus pantalones de pana y la cesta de esparto colgada al hombro. Aparte de su casa en Deià, Graves tenía un piso en una zona impersonal de Palma –en la calle Guillermo Massot– y cada poco tiempo iba a Correos a recoger la correspondencia. Luego solía tomarse el aperitivo en la terraza del Bar Formentor, en el Borne. En aquella época, Graves ya tenía unos 75 años, pero no parecía un anciano en absoluto. Aquel día, en medio del bullicio de la calle San Miguel, Graves parecía el más joven de todos nosotros.

Cuando lo vi por la calle, yo aún no conocía sus poemas. Lo que sabíamos de Graves en Palma era que vivía en Deià y que tenía fama de excéntrico. No mucho más. De vez en cuando salía en el periódico y nos confirmaba que era eso, un inglés raro, un poeta loco. Una vez salió fotografiado en el pueblo junto al alcalde cuando se inauguró la central eléctrica de Deià. En la foto, más que estar participando en un acto oficial, Graves tenía la expresión de un druida alucinado que había sido atrapado por los vecinos del pueblo bailando desnudo entre los marjales y ahora era conducido por los lugareños al cuartel de la guardia civil. Otra vez salió –o bueno, salieron sus manos en primer plano– cuando el periódico *Última Hora* decidió publicar fotos de las manos de cuatro personas muy conocidas en Mallorca. Y allí, en doble página central, estaban las manos de Robert Graves (largas y sarmentosas, con una sortija ovalada en el dedo anular derecho, tal como las recuerdo). A su lado se veían las manos de Camilo José Cela, que eran rollizas y como abotargadas, manos que no parecían estar hechas para acariciar ni consolar. Más abajo venían las manos del director del periódico (unas manos que no recuerdo). Y más abajo aún, venían las manos de mi padre, cirujano, que no era una persona conocida pero que imagino que salía en el periódico en razón de su trabajo (se supone que unas manos de cirujano eran distintas de las demás manos: más hábiles, más prensiles). Y así era: las manos de mi padre tenían los dedos largos, ágiles, bellos, cosa que no me extraña nada porque una vez lo vi sacar con aquellos dedos un mechero que se había caído dentro de un radiador. No sé cómo lo hizo, pero logró sacarlo. Pero a mí las manos que me interesaban no eran las de mi padre, sino las de Robert Graves. La sortija ovalada, las arrugas profundas que parecían la corteza estriada de un olivo, los dedos singularmente anchos que no parecían los dedos de un poeta sino los de un campesino. Más tarde supe que Graves era capaz de reconocer a un poeta por la forma en que le daba la mano. Le bastaba con el roce, con tocar los dedos un segundo, y ya sabía si la persona era capaz de escribir un poema o no. O eso decía Beryl, su mujer.

Digo esto porque todo el mundo en Mallorca había oído hablar de Robert Graves, pero en realidad nadie lo había leído, al menos antes de que se hiciera famoso con la serie televisiva *Yo, Claudio*. De las personas que yo conocía, sólo Cristóbal Serra había leído a fondo la obra de Robert Graves, que no le gustaba demasiado, por cierto. Yo mismo empecé a leerlo relativamente tarde, en los años ochenta, cuando Graves era ya un anciano que había perdido la memoria. Y el caso es que me llevé una sorpresa enorme. Graves no se parecía a ningún otro poeta que yo hubiera leído. No podías encasillarlo en ningún movimiento ni grupo poético ni linaje literario. Sus poemas venían de no se sabe dónde, y se plantaban ante ti tan lejanos y solitarios como la luna llena sobre la montaña del Teix, pero al mismo tiempo te resultaban próximos, reconocibles, incluso al alcance de la mano, igual que estaba el poeta cuando paseaba por la calle San Miguel.

En los años en que aún se le veía pasear por Palma, Graves era capaz de escribir poemas como «El mar estrecho», que es de 1967. Es un poema breve, casi un epigrama:

Contigo como mástil y vela y bandera
y un ancla que jamás ha sujetado a nadie
el mar estrecho pero opresivo de la muerte
no me parece innavegable.

Dios santo, qué poema. Cuando llegamos al verso final no nos queda más remedio que tragar saliva: «no me parece innavegable», leemos, y ese verso se nos queda rondando en la cabeza. ¿Cómo se puede escribir un poema así? Muy sencillo: para escribir este poema hay que haber sobrevivido a la guerra en las trincheras, y luego tienes que haberle dicho adiós a todo eso –editores, premios, halagos, tesis doctorales, periodistas, profesores, la opinión de otros poetas, la maledicencia de otros poetas– porque lo único que te importa es vivir tu vida como a ti te dé la gana. Y eso hizo Robert Graves. «No me parece innavegable», le dice al mar estrecho, el mar opresivo, el mar de la muerte. Y no hay chulería ni arrogancia en esa frase, que no es un reto ni un desafío como haría un donjuán moribundo que se enfrenta a la muerte con teatralidad estudiada. No, nada de eso. En el poema de Graves todo es contenido y al mismo tiempo valeroso, de un valor sereno, inconmovible (para definir el estado de ánimo que ha hecho posible ese poema sólo se me ocurre una palabra latina intraducible al español: *gravitas*). Ese mar estrecho, ese mar opresivo, ese mar de la muerte: todo eso «no me parece innavegable». A ver quién supera eso.

Por supuesto, yo tenía muy claro todo eso cuando escribí este poema. No hay nada que pueda competir con Robert Graves, no hay nada que pueda alcanzar su *gravitas*. Pero este poema, a pesar de todo, pretendía internarse en la tierra secreta de Graves, esa tierra de la que habló en otro poema con ese título, «La tierra secreta»:

> Toda mujer de verdadera alcurnia posee
> una tierra secreta más real para ella
> que este pálido mundo exterior.

Durante un tiempo, esos versos estuvieron rondando por mi cabeza, resonando, zumbando, llamando, reclamando. Pero eso era todo: el poema no salía, o no quería acudir a la llamada, de modo que el acceso a la tierra secreta seguía siendo imposible. Pero luego, un día, esos versos se juntaron con otro verso de Robert Graves de un poema de su primera época («El castillo», de 1929, cuando se fue a vivir a Mallorca). El verso era muy simple, «Hierba seca a la luz de la luna», y formaba parte de un poema que evocaba las pesadillas causadas por los recuerdos de la Gran Guerra. Cuando lo leí, no sé cómo, el poema surgió casi automáticamente, y justo por eso le puse ese título: «Hierba seca a la luz de la luna».

¿Habría llegado a aprobar ese poema Robert Graves si hubiera podido leerlo? ¿Habría detectado un leve pálpito de poesía al rozarlo con la punta de los dedos, en el caso improbable de que yo hubiera podido darle la mano? ¿O por el contrario se habría sentido afrentado por un imitador tan torpe como aquel? Eso no lo sé ni lo sabré nunca. Por fortuna.

MIRLO

Conocemos su canto en la mañana,
temprano, muy temprano,
cuando nos reconforta oírlo, alegre,
bajo la lluvia desvelada.

Pero nada sabemos de sus hábitos
de pájaro agresor que coloniza
territorios ajenos,
y que destruye nidos, y que roba
los huevos más pequeños,
y que hace desdichados
a otros pájaros menos testarudos.

De su vida secreta, no sabemos
nada; o mejor dicho,
preferimos creer que no sabemos.

Nos basta con su canto,
su canto desvelado que nos mece.

Pero otros muchos pájaros, más débiles,
o quizá más modestos,
pagan por ese canto con sus vidas.

MIRLO

Debían de ser las cuatro o las cinco de la madrugada. Yo estaba dando vueltas en la cama, inquieto por algún asunto sin importancia, de esos que nos quitan el sueño y que nos hacen rabiar de cólera porque sabemos que son intrascendentes a pesar de que nos hacen la vida imposible. Y en eso empezó a llover. Fue un chaparrón fuerte que duró diez o quince minutos. Luego se hizo de nuevo el silencio. No se oía nada, ni coches, ni sirenas de ambulancias, ni toses tras los tabiques, ni esos ruidos de pasos apresurados en la calle que nos sobresaltan porque pensamos que alguien está huyendo de algo o no encuentra algo o no tiene ningún motivo para estar volviendo a su casa.

Y entonces empezó a cantar un mirlo. Fue un canto a la vez rotundo y tímido, como de alguien que quería demostrarles a la oscuridad y a la lluvia que no les tenía ningún miedo, y por eso cantaba a esa hora, justo cuanto todos los demás pájaros estaban callados; pero al mismo tiempo, aquel mirlo no quería mostrarse arrogante ni quería molestar a nadie. No, aquel mirlo sólo cantaba por pura alegría, por pura satisfacción de estar vivo, aunque tuviera todas las plumas mojadas y la noche aún no se hubiera desvanecido. Durante un tiempo imposible de medir –quizá fueron diez segundos, quizá fueron diez minutos–, aquel mirlo estuvo cantando unas melodías que podrían haber formado parte de un aria de Mozart (estoy seguro de que Mozart tarareaba con los mirlos), hasta que empezó a llover de nuevo. Luego ya no pude oír nada más. El ruido de la lluvia era demasiado fuerte, pero me gustaría pensar que el mirlo siguió cantando mientras caía la lluvia –una lluvia que era también muy testaruda–, porque quería demostrarle a la lluvia y a la oscuridad que él seguía sin tener miedo, a pesar de que ahora, con el estrépito de la lluvia, nadie podía oírlo.

Ese canto se me quedó grabado en la memoria. Pero después de aquella madrugada, el poema tardó casi un año en escribirse. La copia que guardo está fechada el Jueves Santo de 2007. De algún modo, aquel mirlo se hizo presente durante la oración en el huerto.

Junto a «Cara y cruz», es el poema –creo– más autobiográfico que he escrito.

EL HUESO DE LOS DESEOS

Hemos visto, tú y yo, constelaciones,
lagunas, hospitales y desiertos.
Hemos sido, tú y yo, constelaciones,
lagunas, hospitales y desiertos.

Que esta gran luna llena de verano
nos alumbre y nos guíe, hasta llevarnos
a una orilla serena, entre los juncos,
y en la noche vivamos, siempre juntos.

EL HUESO DE LOS DESEOS

Un día, cenando, ya no recuerdo cuándo, nos encontramos con el hueso de los deseos. Nunca había visto un hueso así, y lo primero que noté es que era muy pequeño. ¿En ese hueso tan diminuto cabía toda la felicidad que le era dado pedir a un ser humano? Enseguida lo rompimos por la mitad, claro está, según el viejo rito que habíamos visto en las películas americanas. Cada uno pidió algo, pero no nos dijimos qué era. ¿Se cumplió? ¿Lo obtuvimos?

«Cualquier arte se dirige a los oídos del Todopoderoso», decía Joseph Brodsky, que era ateo. Y tenía mucha razón. Por eso he creído siempre que la poesía es una forma de oración. Y esa oración es a la vez una petición y una acción de gracias. ¿Por qué? Intentaré explicarlo. La poesía es un don que nos llega sin que sepamos cómo ni por qué (igual que se nos había aparecido aquel hueso de los deseos en un pollo *al ast* comprado en cualquier sitio). Y cuando llega, la poesía te hace sentir muy poderoso al mismo tiempo que sabes que tu vida no vale nada. Porque la poesía verdadera surge de ese momento contradictorio en que alguien –quienquiera que sea– se siente a la vez inmortal y vulnerable, victorioso y derrotado, rico y a la vez muy pobre, pobre de solemnidad, pobre que nunca jamás va a dejar de ser pobre. Cuando escribes un poema, eres Aquiles y Héctor y Príamo reclamando el cadáver de su hijo: eres el guerrero victorioso y el guerrero muerto y el viejo rey que llora la muerte de su hijo primogénito. Todo a la vez. Tres personas distintas en un solo sentimiento verdadero.

Por eso mismo la poesía es a la vez una súplica y una acción de gracias. Pedimos y suplicamos porque nos vemos derrotados o sabemos que muy pronto seremos derrotados. Pero al mismo tiempo damos gracias porque poseemos el don incomparable de la vida junto con el don inexplicable de la poesía. Y le damos las gracias a quien ha hecho posible esos dos dones: alguien que no sabemos ni quién es ni qué es (y que ni siquiera sabemos si realmente existe), pero al que tenemos que agradecérselo de todos modos, tal como decía Joseph Brodksy.

No recuerdo lo que pedí exactamente aquel día cuando rompimos el hueso de los deseos. Pero este poema sí recoge todo lo que yo deseaba (y perdí) aquel día.

ÚLTIMAS HOJAS EN LA VIÑA VIRGEN

¿En qué idioma me hablan estas hojas
que se aferran aún a la pared
cuando acaba noviembre?
Estas hojas que tienen un color
que nadie va a saber describir nunca,
un color que no es rojo ni es coral,
ni es cárdeno ni es ocre,
ni es tampoco el color de las cerezas maduras.
Están ahí, tan cerca,
que acaso caerán ante mis ojos
y las veré flotar unos segundos
en el aire imantado, hasta que un niño
las aplaste saltando con sus botas de agua.
Ya sé que dicen algo, pero ¿qué?

¿Me dicen que debemos aceptar
la vida tal como es, con su dolor
y su sombra inhumana
que nos descubre al fin lo que es humano?
¿Me dicen que no tema
porque todo, al final, va a convertirse
en súbita belleza que anula la agonía?
¿O tal vez me hablan
de que existe el prodigio
de la vida sin miedo y de la muerte sin miedo?
¿O son quizá el milagro
del canto puro, sin fin, ni causa ni motivo,
incluso más allá de cualquier muerte?
¿O son tal vez cabriolas
del tiempo que se queda inmóvil
y mira atrás y ríe satisfecho

porque nada hay jamás que esté perdido?
¿O no son más que una prueba, otra más,
de una vida más grande que la vida?

¿Cuánto van a durar
las hojas sacudidas
por la tarde que avanza,
por el viento inclemente,
por el frío intranquilo?

Cuando no estén aquí,
seguirán existiendo en una gata
tumbada al sol, en un niño que juega
con su cometa, en un viejo que llora
porque de pronto siente que es feliz.

ÚLTIMAS HOJAS EN LA VIÑA VIRGEN

Una alta tapia de ladrillo cubierta por una viña virgen. Esto es lo que he visto a diario cuando levantaba la vista del escritorio. Una viña virgen. En invierno era poco más que un esqueleto sarmentoso en el que habían quedado olvidados tres o cuatro nidos vacíos de gorriones. En primavera, una cascada de hojas de un verdor lujuriante. Y en otoño, ah, en otoño, ¿cómo definir una viña virgen en otoño?

Para definir el color de una viña virgen en otoño harían falta treinta o cuarenta adjetivos que fueran sustituyéndose cada dos o tres días. De otro modo es imposible captar todos los matices que van adquiriendo las hojas a lo largo de octubre y noviembre. Además, la tonalidad cambia con la luz de la tarde, o con la media luz que sucede a la puesta del sol, de manera que esos adjetivos deberían contener una modulación distinta según fuese la potencia de la luz. Y más aún, el color de las hojas otoñales va cambiando a medida que aumenta o disminuye la distancia del observador. Desde lejos, la viña virgen tiene un compacto color cobrizo. Vista de cerca, el color rojo está entreverado de verdes mostaza y de verdes musgosos, y a menudo se impregna de tonalidades canela y ocre y arcilla. Y aún me atrevo a decir que la viña virgen no es la misma si se observa mientras se oye el canto de un mirlo (y en mi barrio había un mirlo que se había instalado sin pedir permiso a nadie), o bien mientras se oye el graznido de las cotorras de Kramer que han colonizado nuestras ciudades desde hace unos veinte años.

Ojalá esa viña virgen tuviera raciocinio –y una voz inteligible para los humanos– y pudiera contar lo que opinaba de aquel sujeto que todos los días, o casi todos los días, estaba sentado en el escritorio que se veía al otro lado de la ventana. ¿Qué pensaría de su trabajo monótono y silencioso, y quizá incomprensible? ¿Y qué pensaría de su actitud, de sus movimientos, de sus expresiones o de sus palabras cuando cogía el teléfono? ¿Y cómo definiría todo eso en su lenguaje, un lenguaje que podemos imaginar tan rico como las cambiantes tonalidades de las hojas en otoño?

UN MANOJO DE PELOS

Un manojo de pelos sarmentosos
asoman en la urna, entre los huesos.
Ajenos a la vida, indiferentes
a la muerte, han seguido su camino
sin crecer ni menguar, sólo enredándose
en las densas volutas de la nada.
La lenta oscuridad los ha mecido,
llorado, adormecido, amamantado.
Ásperos, enzarzados en la ausencia,
han oído temblar el tiempo inerte
que mide lo que no es, y no han temblado.
Han oído el crujido del planeta
que gira y se retuerce, y no han girado.
Han visto a los cometas disolverse,
han visto regresar a las estrellas
a su urna de ceniza, y no se han ido.

Cuando nos diga adiós, la áspera vida
también querrá llevarse un mechón de estos cabellos.

UN MANOJO DE PELOS

Me costó encontrar la casa de Victoria Saavedra, en Calama, en el norte desértico de Chile. No sé por qué, fui en el Peugeot que había alquilado para mi viaje por el Norte Grande, y me perdí en algún punto de la avenida Chorrillos cuando intentaba encontrar la dirección (no había GPS en aquellos años). Tuve que volver atrás, cruzar de nuevo las vías del tren y volver a pasar frente al cuartel del regimiento Topáter, hasta que pude encontrar la bocacalle que me llevaba al número 297 de la calle 2 Norte, en Villa Exótica, donde vivía Victoria –Vicky– Saavedra, una de las mujeres más maravillosas que he conocido.

Vicky Saavedra llevaba casi treinta años buscando los restos de los fusilados por la Caravana de la Muerte del general Arellano Stark. Uno de aquellos fusilados era su hermano José, Pepe Saavedra, que tenía 17 años cuando lo detuvieron en Calama. Pocas semanas después de la desaparición de su hermano, Vicky empezó a excavar en el desierto con una cuchara, y luego siguió excavando con una pala de plástico como las que usan los niños, hasta que un buen día empezó con una pala de verdad que alguien le prestó. Poco después se le unieron otras mujeres, las madres, viudas o hijas de los desaparecidos. Hay una foto de Paula Allen en la que se ve a Vicky arrodillada en mitad del desierto (la «pampa», como la llaman allí). Vicky está sola, completamente sola, y a su alrededor no hay nada más que una costra agrietada de arena, yeso y piedras que llega hasta la línea del horizonte. Pero está claro que Vicky no le tiene miedo al desierto. En su rostro hay una expresión inequívoca que dice: «Sí, ya sé que sólo hay polvo y piedras hasta llegar a los Andes. Pero da igual. No me detendrás».

Con Vicky aprendí a amar el desierto. Ella había nacido en una oficina salitrera –la Victoria, y por eso tenía aquel nombre de pila–, y conocía la pampa como si fuera su propia casa porque había sido su propia casa. Fuimos juntos a la oficina Chacabuco cuando era una ciudad fantasma en la que sólo había un guardián medio loco y el viento silbaba y silbaba entre las paredes de adobe de las casas abandonadas desde hacía cuarenta años. Fuimos juntos al cementerio de la oficina –uno de los lugares más hermosos y más desolados que he visto en mi vida–, donde me contó que una vez se había encontrado un ataúd abierto con el cuerpo casi intacto de una niña. La niña aún llevaba puesto el vestido de comunión.

En su casa, Vicky me enseñó su colección de fósiles y minerales que había ido recogiendo durante los treinta años que llevaba escarbando en el desierto. También me enseñó el álbum de fotos de Paula Allen, *Flores en el desierto*, donde Vicky salía bailando una *cueca* delante de su casa de Calama o en múltiples paisajes de la pampa junto a las demás mujeres de los desaparecidos. Cuando me enseñó la foto de la gran cruz que se había erigido hacía poco tiempo en la Quebrada del Buitre, me preguntó si conocía aquel lugar: si no lo conocía, ella se ofrecía a acompañarme. Pero yo le contesté que ya había estado allí y que fue una de las primeras cosas que vi cuando llegué al Norte Grande. Y es que allí era donde en 1990 se había encontrado la fosa con los cuerpos de los desaparecidos de Calama. Muy cerca del lugar había un letrero que decía: «Peligro. Gasoducto». Los familiares de los asesinados habían erigido una gran cruz de hierro forjado junto a la fosa. Cuando estuve allí no había nadie, ni un alma. No se oía nada, sólo el viento que gemía y gemía. Perdida en mitad del polvo y de las rocas, aquella cruz parecía pequeña, ridícula, casi cómica.

Sí, parecía pequeña y casi cómica, pero cuánto dolor había quedado encarnado en aquella cruz, y cuánta rabia de todas aquellas mujeres que habían dedicado casi la mitad de su vida a escarbar en el desierto.

En su casa, Vicky me habló de uno de los desaparecidos que no había sido enterrado en la fosa, sino que apareció en el fondo del pozo de una mina de cobre –un *pirque*, según la terminología atacameña– que fue reabierto por casualidad, lo que permitió descubrir el cuerpo. Cuando encontraron el cadáver, todo el mundo imaginó que pertenecía al último desaparecido del que no había aparecido ningún rastro: Luis Contreras León. Vicky acompañó a la viuda –que se llamaba Felipa–, quien tuvo que reconocer ante la policía el cadáver de su marido. Vicky me contó que el cadáver estaba tan bien conservado que hasta se veían las gotas de sudor que se le habían quedado pegadas en la frente. Vicky creía que debía de ser el sudor provocado por la angustia de las últimas horas, ya que por lo visto habían arrojado a aquel hombre todavía vivo al pozo. En la morgue, al ver el cuerpo, la viuda se sorprendió de lo joven que era su marido. Habían pasado 17 años desde su desaparición. Ella había envejecido, pero su marido seguía siendo igual a como era el día en que se lo llevaron: la muerte le había conservado la juventud que a ella le había sido arrebatada. En un momento dado, antes de salir de la morgue, la viuda no pudo reprimir el gesto de acariciar los cabellos de su marido. Vicky también me contó que Felipa fue varias veces más a la morgue a ver a escondidas a su marido.

En la primavera de 2001, medio año después de mi viaje al desierto de Atacama, escribí el poema sobre el manojo de pelos, una tarde de primavera en la que sentía un oscuro desasosiego rondando a mi alrededor.

EDWARD THOMAS, LUNES SANTO DE 1917

¿Oigo ahora el cuclillo? ¿O quizá oigo
el graznido fatal de una corneja?
Cuesta entender lo que oyen mis oídos,
aquí, en Flandes, tan lejos, bajo estrellas
aterradas que añoran la mañana
pero temen la luz en las trincheras.
En mi puesto de guardia, espero algo
que ocurrirá, lo sé, cuando amanezca.
¿Me llegará una carta de mi esposa
llamándome, «¡cu-iiit!», desde la niebla?
¿Se acabará esta guerra imperdonable
que elegí por amor a una Inglaterra
que no perdurará? ¿Veré a ese Otro
que dicen que es igual que yo, y me espera
no sé dónde, burlón, malhumorado,
porque yo lo persigo, y mi impaciencia
es su propia impaciencia? ¿Veré un signo
de que aún existe un resto de belleza
en este mundo atroz? ¿Seré valiente?
¿O al fin recibiré esa gran certeza
que me haga ser feliz por un instante?
¿Encontraré, en un bosque, una oropéndola?

Qué tranquilo está todo. Falta poco
para que empiece una mañana nueva.
¿Por qué han callado ya todos los pájaros?

EDWARD THOMAS, LUNES SANTO DE 1917

Edward Thomas no es un poeta demasiado conocido, al menos en España, pero para mí es uno de los mejores poetas del siglo XX. Si me preguntan por un poema perfecto, por un poema que me hubiera encantado escribir –sabiendo que jamás sería capaz de hacerlo–, el primero que citaría sería «Adlestrop». Toda la poesía contemporánea ha quedado atrapada en ese poema que en un primer momento sólo pretendía contar cómo se detenía un tren –incumpliendo el horario– en una estación perdida en el corazón de Inglaterra, Adlestrop. «Sí, me acuerdo de Adlestrop». Así empieza el poema. Cualquiera que lo haya leído tendrá necesariamente que decir lo mismo.

Edward Thomas murió durante la Gran Guerra, el 9 de abril de 1917, cuando era teniente de artillería en un regimiento que estaba destinado en el frente de Arras. Por el diario que escribió en las trincheras sabemos lo que hizo en sus últimos días de vida. Un día de finales de marzo, desde su puesto de observación, Thomas oyó cantar a una alondra y a un carbonero. Poco después vio a un hombre que estaba arando un campo enfrente de las trincheras alemanas, tan tranquilo como si estuviera paseando por la calle mayor de su pueblo en un día de fiesta. Más tarde le llegó un paquete con el correo: su madre le había enviado un par de botas nuevas. A las seis de la tarde, cuando iba a la cantina de su batallón, el teniente Thomas oyó cantar a un tordo. Por la noche soñó que estaba de vuelta en su casa, pero no podía quedarse a tomar el té. Pocos días más tarde, ya en abril, cayó un obús a dos metros de donde estaba, pero el proyectil no explotó. Los soldados empezaron a decir que el teniente Thomas era un tipo con suerte: tenía una especie de amuleto, y fuera a donde fuera, podía estar seguro de que siempre estaría a salvo. Al día siguiente, Lunes Santo de 1917, poco antes del amanecer, volvió a explotar un obús a pocos metros del puesto de observación del teniente Thomas. Pero esta vez un fragmento de metralla le perforó el pecho. El teniente Thomas murió en el acto.

En 1914, cuando empezó la I Guerra Mundial, Edward Thomas era demasiado mayor para ser reclutado –tenía 37 años, mujer y tres hijos–, pero un día sintió una especie de llamada irresistible surgida de no sabía dónde, y se presentó voluntario para ir a luchar al frente. «Usted es muy mayor y tiene esposa y tres hijos –le dijeron en el cuartel de alistamiento–. ¿Por qué se empeña en presentarse voluntario?» Thomas se agachó, cogió un terrón del suelo –un puñado de oscura tierra húmeda– y se lo mostró al oficial de alistamiento: «Por esto». El oficial pensó que aquel tipo estaba loco, pero como hacían falta soldados por las bajas continuas en el frente, se encogió de hombros e inscribió el nombre de Edward Thomas en el listado de nuevos reclutas. Thomas fue asignado a un campamento de instrucción y pasó dos años en varios cuarteles de Inglaterra. En la vida civil, Thomas se ganaba la vida escribiendo a destajo críticas literarias y libros por encargo. También era poeta, aunque casi nadie lo sabía (sólo su amigo Robert Frost), y casi toda la poesía que escribió –que no fue mucha– la escribió mientras estaba preparándose para ir a la guerra. En 1916 ascendió a teniente y poco después, sin habérselo dicho a su mujer, pidió ser enviado a primera línea en Francia.

La viuda de Thomas, la gran Helen Thomas, contó en sus memorias cómo fue el día de Navidad en que el poeta partió hacia el frente. Cuando Thomas se despidió de su mujer, en la cancela de la granja donde vivían, la niebla cubría el camino que llevaba a la estación de tren. El poeta empezó a caminar y su mujer lo despidió con un grito que imitaba el canto de los pájaros que Thomas escuchaba en sus interminables caminatas rurales, «cu-iiit». El poeta le contestó desde el camino con otro «cu-iit». Después, Thomas se internó en la niebla y lanzó otro grito lejano de despedida: «cu-iit», «cu-iit». Su mujer no se atrevió a contestarle. Y nunca más volvió a verlo.

CIUDADES DE PASO

Mi mujer, en la cama, con los pies,
le hace a mi hija, que observa
bien sentada en la cuna,
un espectáculo de títeres:
caperucita (voz aguda) y el lobo (bajo
ruso), los dos cerditos, o el niño
que su sombra perdió. Cosas así.

Y de pronto, el calor inapresable
como en una emisión nocturna.
Y la vena que abrasa el cuello.
Y luego, otro calor bien conocido:
la mutua comprensión, pues uno sabe
que nada, ya, es lo mismo, y que su vida
es como una ciudad de la que dice la gente:
«Ah, por allí no hay nada interesante
que pueda retener a los viajeros»;
y así y todo, se queda uno a vivir en aquel lugar
mucho tiempo, sin quejas, y a menudo
feliz casi de un modo inexplicable.

CIUDADES DE PASO

Este poema ha pasado inadvertido; o mejor dicho, ha pasado mucho más inadvertido que el resto de mis poemas. Ningún lector, de los pocos que han leído mis poemas, lo ha citado o lo ha reproducido en un blog o en cualquier otro sitio. Pero es un poema que me gusta mucho. Su dicción –como ocurre con el «Adlestrop» de Edward Thomas– me parece perfecta, aunque sé que la palabra es excesiva: «perfecto» es un adjetivo sumamente imperfecto para describir este poema. Nabokov, un escritor que cada vez me gusta menos, hablaba en algún sitio del «tranquilo fluir de la vida familiar». A ese tranquilo fluir se deben estas ciudades de paso.

BIRD
(Charlie Parker, Stanhope Hotel, 1955)

No quiero que se acerque nadie. Escucho
la música que suena en algún sitio,
en la televisión quizá, y me duele,
y ya no sé por qué duele la música
que me astilla la mente, y la desgarra,
ni por qué yo la escucho, si me duele
tanto como un hurón que se ocultase
en una galería hecha de nervios
que una vez fueron míos, no sé cuándo,
en otro tiempo, en otra vida, lejos
de aquí, cuando mi mente era la música
que servía de amor y de amistad
a un hombre sin amor y sin amigos.

Este cuerpo que veis, esta maltrecha
carne deshabitada de mí mismo,
aquí, en la habitación de hotel, a solas
con mi miedo y mi saxo que me escrutan,
¿de qué sirven, a quién harán feliz?

Cuanto tocan mis manos se hace música
y se astilla en mi mente, y me persigue.
No puedo amar a nadie, ni tocarlo,
porque amarlo es llevarlo hacia lo oscuro
y de allí no regresa, nunca, nadie.
Se deshacen los niños, las mujeres.
Se deshacen los árboles, los coches,
los clubs, los contrabajos, las sonrisas.
Mis manos en el aire se deshacen.
Son aire, un aire oscuro que me inunda

y que me hace volar como los pájaros,
ciegos, remotos, lentos, pero ¿adónde?

Soy aire estremecido de vergüenza,
y un dolor que me quema como el fuego
y que no llegaré a saber qué es.
Que esta música fúnebre que toco
os alumbre el camino. Mi camino
ya tan sólo discurre entre las sombras.

BIRD

No me gusta el jazz. Tampoco me gusta especialmente Charlie Parker. Pero Alberto Marina Castillo me pidió hace tiempo un poema sobre jazz, y no sé cómo, se me ocurrió escribir «*Bird*», que era el apodo con el que todo el mundo conocía al saxofonista Charlie Parker. El jazz no me gusta especialmente –ya lo he dicho–, pero en cambio me gustan mucho las vidas de los *jazzmen*, que tienen un halo trágico muy parecido al de los héroes de la tragedia griega: desde el primer momento sabemos que el héroe va a acabar sacrificado por una maldición que inevitablemente va a caer sobre él (o ella). Primero, porque ha desafiado las leyes de los dioses. Y segundo, porque también ha quebrantado las leyes fundamentales de la polis. Haga lo que haga, el héroe está condenado. Ha robado el fuego de Prometeo y tarde o temprano va a morir atado a una roca, mientras un águila gigantesca le va devorando el hígado (la heroína y el alcohol se encargarán de representar el papel del águila devoradora de hígados). Por eso nos gusta leer las vidas de los músicos de jazz. De un modo u otro, son Edipo, son Prometeo, son Antígona, son Casandra. Y claro está, nos atraen sus historias, a pesar de que ninguno de nosotros sería capaz de vivirlas si le tocara la mala suerte de tener que meterse en su piel. Para saber cómo fueron en realidad las vidas de Charlie Parker o Billie Holiday o Thelonius Monk, habría que preguntar a las personas que tuvieron que convivir con ellos, a las esposas, las hijas, los hijos, las madres, las amantes, las viudas. Habría que preguntarle, por ejemplo, a la esposa de Thelonius Monk cómo le fue la vida. Y habría que preguntarle al hijo de Charlie Parker –que se llamaba Baird y al que apenas conoció– cómo le fue la suya, o a su otro hijo, al que casi tampoco conoció, que se llamaba Leon. Sí, habría que preguntarles a ellos, a ver qué nos dirían.

Y qué decir de Charlie Parker. Cuando murió, vivía prácticamente en la calle. Su cuarta esposa –con la que no se había casado, ya que técnicamente era bígamo, o incluso trígamo– lo había echado de su apartamento porque no había nadie que pudiera soportarlo. No tenía un céntimo, bebía demasiado, era adicto a la heroína y había tenido que ser internado varias veces en un psiquiátrico. Un año antes de su muerte se había tragado un frasco de yodo, en parte por la muerte de su hija de dos años, y en parte porque lo acababan de echar del club que llevaba su nombre –el Birdland– ya que no era capaz de tenerse en pie en el escenario.

Un día de marzo de 1955, Parker se presentó en la *suite* que la baronesa Nica Rotschild tenía en el Stanhope Hotel, en la quinta Avenida. La baronesa Rotschild estaba casada y tenía cinco hijos (su nombre oficial era Nica Pannonica de Koenigswarter), pero era una aficionada al jazz que había abandonado a su familia y se había ido a vivir a Nueva York. La baronesa ayudaba a los músicos de jazz cuando estaban en apuros (y *siempre* estaban en apuros). Les compraba trajes nuevos, les pagaba las deudas de los hoteles, les ayudaba a llegar a tiempo a los conciertos o les buscaba un contrato discográfico. Charlie Parker era amigo suyo. Pero cuando llegó a su *suite*, el estado de Parker era calamitoso. Tenía dos úlceras de estómago y vomitaba sangre. En un momento dado, la baronesa tuvo que llamar al médico del hotel porque los vómitos de sangre eran muy violentos. El médico le preguntó a Charlie Parker si bebía. «Bueno, a veces me tomo una copita de jerez antes de comer», le contestó. Y luego siguió vomitando sangre.

Charlie Parker estuvo tres días en la *suite* del hotel de la baronesa Nica Rotschild. Murió el 12 de marzo de 1955 mientras estaba viendo el *show* de Tommy Dorsey en la televisión. En un momento dado empezó a reír, luego tuvo un violento ataque de tos y se desplomó sobre el sofá. En uno de los periódicos que publicó la noticia de su muerte se le atribuían 53 años. En otro obituario, 57. Tenía 34.

LLUVIA EN BROZAS

A Javier Castro Flórez

Nunca sabremos dónde va a asaltarnos
la trémula certeza de una patria.
Un cormorán perdido tierra adentro,
la hierba gris y adusta, las encinas,
un puente sobre el Tajo, unas rocas
de paciente granito, el cielo que se incendia
con frías llamaradas invernales:
ninguna de estas cosas es mía, y sin embargo
sé que he encontrado en ellas una infancia,
y unos hijos, y el tiempo que no corre
y me jura que nunca va a pasar.
Tan poco y a la vez tanto. Tan poco
y a la vez todo cuanto necesito.

Y aquí estoy hoy, en Brozas, entre amigos
que nunca había visto, ni acaso vuelva a ver.
Oscurece. Y los campos se ensanchan
porque van diluyéndose en lo oscuro.
La luz se hinca en la tierra, y la tierra lo sabe,
y lo agradece, y calla, y se despide.
Y entonces llega, nítido, el rumor
de la lluvia que nadie se esperaba,
una lluvia avarienta que no quiere
desprenderse sin más de sus monedas.
Y todos nuestros rostros se disuelven.
Y todos somos uno. Y todos caemos
sobre la tierra exhausta y los peñascos.

Un día del invierno en Brozas.
Diez o quince minutos cae la lluvia
sobre el campo obediente. Y es mi patria.

LLUVIA EN BROZAS

Era un atardecer de noviembre. Desde el autobús se veía un enorme resplandor rojizo sobre la Sierra de San Pedro, no muy lejos de Cáceres. «Mira eso: parece remolacha», dijo una voz de mujer en el autobús, y era verdad que el cielo parecía mostrar una coloración que surgía una desconocida materia orgánica, como si fuera algo vivo, o que había estado vivo, o peor aún, que en algún momento podría llegar a estar vivo. Sin duda, aquel cielo anunciaba algo malo. «Ya verás, eso va a traer un buen vendaval», dijo la misma mujer del autobús, pero otra mujer mayor que iba a su lado la corrigió: no, aquel cielo no anunciaba viento, sino que aquel cielo tan raro se debía a la falta de lluvias. Y es que hacía mucho tiempo que no llovía. Mucho, mucho tiempo.

Y al día siguiente, en Brozas, de pronto empezó a llover.

ARDTRASNA

Se oyen las olas, más desconsoladas
que un canto de sirenas aburridas:
el Mar del Norte está rabioso y triste,
como un cornudo al que le han robado
la cartera en el metro. Llueve. Y todo
en esta casa huele a moho y a dicha.

Qué fácil es amar esta costa de algas y sepulcros.
Aquí son más estrechos los puntos cardinales:
la casa abandonada en el islote,
la cruz en el sendero, el promontorio
del faro, y la bahía en que mataron
a Lord Mountbatten. Nada más. Miro el cementerio
de coches, cuando vuela el águila pescadora.

Más allá se termina el mundo, y me da igual.
No hacen falta ciudades ni periódicos.
El mar está muy cerca, y al amanecer,
cuando salimos juntos de esta casa,
nos basta verlo ahí, a nuestros pies.
Y al pasar le pedimos un buen año,
paciencia en el amor, y que el regreso
sea tarde, la vida placentera, lejanas
las tormentas, y el día muy largo y provechoso.

ARDTRASNA

Se llamaban Rooney, McGowan, Boyle, McDonagh. Charles Rooney, de ochenta años, casado, sin ocupación, no sabía leer. Su hijo Charles, de 28 años, granjero, soltero, sí sabía leer. Margaret McSharry, sirvienta, de cincuenta años, soltera, sabía leer pero no escribir.

Vi sus nombres en un censo de 1901 que me encontré en el estudio de un amigo pintor. El estudio estaba en una vieja rectoría, muy cerca de Ardtrasna, en el condado de Sligo, en el oeste de Irlanda, donde pasamos un verano frío y lluvioso que fue uno de los mejores veranos de mi vida. Alguien se había empeñado en copiar aquel censo en un cuaderno de asientos contables. El papel estaba amarillento y tenía manchas de moho, pero la mayoría de las páginas estaba en buen estado. Quizá lo había copiado, en una tarde aburrida, uno de los curas que habían vivido en aquella rectoría, tal vez el mismo que hizo el censo en la comarca, o que ayudó a hacerlo a los funcionarios enviados desde Dublín. Por alguna razón, aquel cura quiso quedarse una copia del censo y la guardó en un cajón de su rectoría, sin saber que estaba escribiendo una novela en fragmentos que yo también iba a leer, en otra tarde aburrida, casi cien años más tarde. Y allí estaba Owen McGlone, soltero, católico, de seis años, que sabía leer. Y su madre, Catherine McGlone, casada, de 40 años, que no sabía leer. Owen McGlone había nacido en 1895, el mismo año que Robert Graves. Quizá logró vivir muchos años, hasta 1985, igual que Graves. O quizá se murió muy poco después de haber sido censado –«soltero, católico, seis años, sabe leer»– y murió de una escarlatina una mañana de 1906. Quién sabe.

Pero lo importante era que aquellos nombres que ya nada decían a nadie a mí me decían muchas cosas. Ellos habían vivido en Ardtrasna, y quizá sus bisnietos y sus tataranietos, si no habían emigrado a Inglaterra o a Australia o a Estados Unidos, seguían viviendo en las pequeñas granjas llenas de humedad, frente a los setos cargados de fucsias y zarzamoras, en cualquiera de aquellas colinas donde se oía el ruido de un tractor solitario que se había quedado atascado en el barro.

Ardtrasna. No conozco una palabra más bella en ningún lenguaje humano. Todas las mañanas pasaba volando un águila pescadora por delante de nuestra casa. A veces, el águila se ponía a volar delante de nuestro coche, a muy poca distancia del suelo, como si nos quisiera guiar hacia algún lugar que sólo él conocía. Había un cementerio de coches cerca de nuestra casa, y en julio los granjeros de la comarca recogían el heno y lo empacaban y luego iban a tomarse una cerveza con las botas llenas de estiércol de vaca. Aún recuerdo el ruido de las cosechadoras en la granja de nuestro vecino, al que veíamos comer a veces en el *pub* Laura's, el único *pub* de nuestra comarca. Teníamos cerca un pequeño supermercado en el que no había casi nada, y los días de sol (tan escaso aquel verano), el hijo retrasado de los dueños se sentaba en un banco, frente a la carretera, y se ponía a mover las piernas hacia delante y hacia atrás y le sacaba la lengua a todos los coches que pasaban. El chico se llamaba Michael. No sé por qué, siempre que lo veía me acordaba de Owen McGlone, sólo que Michael, que también era soltero y católico, no sabía leer.

En gaélico, me explicó Antonio Rivero Taravillo, Ardtrasna significa algo así como «al otro lado del lugar elevado», o «paso que lleva a un lugar elevado», y la casita que alquilamos aquel verano estaba ciertamente en un lugar elevado –pero muy poco: a unos cuarenta o cincuenta metros sobre el nivel del mar–, pues desde allí se podía ver la playa de guijarros y el mar gris, y si hacía buen tiempo (cosa que sucedía muy pocas veces), la casa pintada de azul donde vivía Leland Bardwell, que tenía una cabra en el jardín y que se quitaba el frío con un horno de carbón que también le servía de cocina y a veces hasta de escritorio.

Ardtrasna. En los días claros –que eran muy pocos– se veía a lo lejos la silueta del islote de Inishmurray, donde había habido un monasterio y donde años después, cuando el monasterio ya sólo era una ruina, llegaron a vivir 102 personas, que consiguieron subsistir fabricando whiskey ilegal de patata (*poteen*) que luego vendían de contrabando a los lugareños del continente. Así lograron subsistir, hasta que en 1948 se les obligó a trasladarse a tierra firme porque era imposible atender a las necesidades de los vecinos en materia de escuelas y hospitales. Una de las pocas distracciones de los isleños de Inishmurray –según decían los más viejos– era observar los faros de las bicicletas que pasaban por el camino que había delante de nuestra casa. Aquel verano, yo no recuerdo haber visto ni un solo ciclista por el camino. Ni uno solo.

Ardtrasna. Por detrás de la casa se veía la silueta con forma de túmulo del Ben Bulben. Un día subimos a la montaña, y nos encontramos un hombre desenterrando turba que nos saludó como hacía la gente de la región, levantando dos dedos de la mano, y seguimos caminando hacia la cumbre, subiendo y subiendo, pero se levantó viento, un viento salobre y desmañado –como un borracho que iba tropezando con todo el mundo al que torpemente intentaba saludar–, y las nubes se hicieron más espesas, y todo se puso negro de golpe, y tuvimos que regresar corriendo, ahora ladera abajo, resbalando entre las ortigas y el barro y las bostas de vaca, hasta que conseguimos llegar empapados a casa, al otro lado del lugar elevado, donde había un piano desafinado y un poster de Arnold Schönberg y un cazo lleno de un moho verdinegro que crecía y crecía en la alacena. Ardtrasna.

TARDE DE MAYO. NUBES VENTUROSAS

Tarde de mayo. Nubes venturosas.
El olor persuasivo de la hierba
en el viento feliz. Lluvia de flores
del braquichito. Solos, mi hija y yo,
bajo estos árboles, bajo este cielo indescifrable.
Ella coge las flores blancas y con un leve
polvillo púrpura, y las va esparciendo
sobre el césped tranquilo. Los gorriones
gorjean, impacientes como un enamorado.

Tan sólo diez lentos minutos.
Y han sido suficientes
para justificar toda una vida.

TARDE DE MAYO. NUBES VENTUROSAS

El braquichito (o brachichito) debe de ser el árbol con el nombre más feo que han podido imaginar los botánicos. De hecho, es una indignidad nombrarlo en un poema. Una vez quise leer este poema en una lectura pública, pero el día antes, cuando ensayaba en voz alta, me atraganté al llegar al nombre del árbol, así que tuve que descartarlo. Y eso que habría sido mucho peor citar ese árbol por su nombre original australiano, *kurrajong*. ¿Cómo se puede pronunciar eso? Pero ese braquichito tenía que aparecer en el poema porque era el árbol que teníamos en un rincón del patio. Y cuando llegaba el mes de mayo, el braquichito dejaba un manto de flores blancas esparcidas por el suelo. Y esas eran las flores con las que jugaba mi hija. Aclaro que ese braquichito no era el braquichito rosado –que tiene unas hermosas flores de color escarlata–, sino el *Brachychiton populneus*, que es mucho más modesto y da unas flores no demasiado llamativas, con forma de estrella y de color blancuzco. Las flores que cogía mi hija.

Alguien dijo que este poema era «muy blando», y quizá tuviera razón, pero también son blandas las tardes de mayo, y las nubes que cruzan el cielo, y la felicidad que a veces nos asalta sin que sepamos muy bien por qué, ya que sabemos –sí, lo sabemos– que es un sentimiento que *no* nos hemos merecido.

Hace unos diez años, alguien dio la orden de talar el braquichito. Por lo visto, un vecino se había quejado de que daba demasiada sombra sobre el edificio. O alguien había dicho que aquel árbol estaba enfermo y tenía el tronco hueco y era una amenaza para los niños. O se había descubierto que tenía un pulgón peligroso que había que eliminar como fuese.

Y un buen día, el braquichito desapareció de su rincón en el patio.

SÁBADO SANTO

Calles vacías, aire tibio, nada
se mueve en la ciudad, ni los vencejos.
Hasta los locos callan, temerosos
del sudario viscoso del silencio.
Ya ha terminado todo. Y la señal
no le ha llegado a nadie. Ahora sabemos
que no va a haber señal, pues fue un delirio
de nuestros corazones muy hambrientos
–y frágiles, y solos, y sonámbulos–
aquello que soñamos sin ser cierto.
La vida aquí termina, en una gruta
sellada con la roca y con el miedo.
Es la tierra voraz que nunca miente
la que ahora nos gobierna. No tenemos
ya más que sus escribas y chivatos,
sus soldados, sus dados traicioneros
y sus treinta monedas. Esto es todo.
Lo demás no ocurrió, fue sólo un sueño
que hay que olvidar. El silencio ya habita
en nosotros, y somos el silencio
cargado de presagios incumplidos.
Toc, toc, toc. Sólo se oye al carpintero
desmontando las tres cruces vacías
donde murió la fe en un mundo nuevo.
Las llevarán mañana, blasfemando,
los nuevos condenados al tormento.

SÁBADO SANTO

George Steiner decía que el Sábado Santo es el día más raro en toda la historia del mundo occidental. Es «el día más largo», el día en que ni la historia ni las Escrituras ni los mitos nos explican lo que ha ocurrido.

Para cualquier persona, creyente o incrédula, la simbología de la Pasión de Jesús tiene un significado muy claro. El Viernes Santo es el día del dolor absoluto, del Calvario, del fin de todas las esperanzas. El domingo de Pascua, en cambio, es el día del júbilo, de la resurrección, de la Utopía. El Viernes Santo representa lo que no queremos. El domingo de Pascua, justo lo contrario: lo que anhelamos, lo que esperamos, lo que soñamos. Pero en medio queda ese Sábado Santo del que nada sabemos. El sábado del silencio, el sábado de la espera que nadie sabe si valdrá la pena, el sábado de la duda, del temor, de la incertidumbre, de la desesperación, de la nada.

Qué día más extraño es el Sábado Santo (en Sevilla es el día en que procesiona la Canina). El Sábado Santo no promete nada, sino que lo desmiente todo. Jesús nos había anunciado que iba a regresar de la muerte, pero ahora Jesús está muerto y bien muerto. Y de pronto, nada tiene sentido. Todo lo que creíamos ha resultado ser falso. Todo ha sido un engaño.

¿Llegará alguna vez el Domingo de Resurrección? ¿O todo se va a quedar en una lenta repetición del Viernes Santo con su certeza del sacrificio y la muerte? Nada sabemos. Sábado Santo.

UN PROBLEMA DE CÁLCULO

Ese momento exacto en que sabemos
—y no lo sospechamos ni intuimos,
sino que lo sabemos,
como también se sabe
que se acaba el amor—
que ya no queda nada,
ni un destello, ni un soplo, ni una astucia,
de la furia arrogante de ser joven,
cuando se ven las cosas
con confiado estupor,
porque el tiempo no corre entre las venas.

Pero un día despunta la certeza
de que el tiempo se nutre de nosotros,
pues sólo somos tiempo,
un tiempo muy cansado y muy voraz,
tal vez enloquecido
por haber habitado entre nosotros,
por haber descifrado nuestras almas,
por haber consentido nuestros sueños.

Y a partir de ese día, la vida se vuelve
una gran pesadilla matemática:
la gran pizarra, llena de operaciones
que sabemos exactas, aunque siempre
concluyen en error.
Y repasamos las operaciones,
diez veces, veinte veces,
buscando en qué lugar nos hemos equivocado.
Y entonces descubrimos

que el cálculo es correcto.
Y persiste el error.

UN PROBLEMA DE CÁLCULO

«Era un anciano de 50 años». Eso se decía en un relato de Chéjov, ya no recuerdo cuál, refiriéndose a un personaje. Y la misma definición aparece en otros relatos de Chéjov. A los 50 años, uno era ya *anciano*. Está claro que en la Rusia de Chéjov –o en la España de doña Emilia Pardo Bazán– 50 años eran muchos años (él mismo sólo llegó a vivir 44). Pero esa edad, ¿era la edad de un anciano? ¿50 años?

Conservo un archivo fechado de este poema: «(3/3/06)», se lee, entre paréntesis, al final. 3 de marzo de 2006. Dicho en términos de Chéjov, lo escribí cuando estaba a punto de convertirme en anciano. O quizá ya lo era, sin saberlo. Iba a cumplir 50 años. Bastaba mirarse al espejo para saber que ya se habían acabado las bromas. A partir de aquel momento era difícil imaginar que algo iba a empezar. No, la vida ya no empezaba, sólo terminaba. Incluso el verbo «empezar» ya sonaba ridículo. Ahora ya no significaba nada. ¿Qué ibas a empezar? ¿Y cómo? ¿Y por qué?

Ese era el problema de cálculo que se aparecía en la pizarra.

INSTANTE

A Loïette Vavy

Hace fresco, aunque el sol es de verano.
Dos estelas de avión cruzan el cielo.
He olvidado mi cuerpo, y él a mí.
Huele a mar (¿pero dónde está?), y al heno
de las granjas de Irlanda (¿qué fue de ellas?).
El viento se entretiene en los almendros
del campo que cruzaban mis amigos
siempre que se escapaban del colegio
(ya no queda ninguno). Oigo sus risas
llamándome. A mi lado está mi abuelo,
que me coge la mano y me levanta
y me enseña un camino. Sin esfuerzo,
llegaré hasta los juncos de Lough Gill,
y después llegaré al campo de brezo,
y luego llegaré a Puerto Escondido,
y también a Son Moll, y no habrá viento.
Y después llegaré hasta la calle
donde di, avergonzado, el primer beso.
Tengo cinco años, quince años, noventa
o tal vez muchos más. O ya estoy muerto
y he llegado, asombrado, al paraíso
(¿quién puede asegurarme que no es cierto?).
Hay moras en mis labios, oigo un pájaro
que canta junto a un lago. También veo
un tobogán, caballos, una cala.
El ruido de los coches trae el eco
del mar. Estoy aquí, infinito, joven,
insaciable de dicha. Y todo es nuevo.

INSTANTE

Joseph Cornell construyó una de sus cajitas para atrapar el espíritu de Emily Dickinson. Bueno, no exactamente el espíritu de Emily Dickinson. Lo que quería Cornell era atrapar a la poeta misma, a la mujer vestida de blanco, a la poeta solitaria que prácticamente no salió jamás de Amherst (igual que el solitario Cornell, que no salió jamás de Nueva York). Es decir, la cajita de Cornell –que tenía unas dimensiones de treinta por cuarenta centímetros– no quería atrapar el fantasma de Emily Dickinson, no, sino a la persona viva, por mucho que estuviera muerta desde hacía mucho tiempo. Y lo consiguió, claro que sí. Si miramos la cajita de Cornell –o mejor dicho, si nos dejamos atrapar por la cajita de Cornell, o mejor aún, si nos dejamos encerrar en la cajita de Cornell–, sabemos que Emily Dickinson está allí dentro. Y no es su fantasma, no, sino ella misma, con su vestido blanco y esos ojos que tenían –según ella misma dijo– el color del jerez que se queda olvidado en la copa que nadie ha querido tocar.

No recuerdo cuándo escribí este poema. Sólo sé que surgió de repente y que se escribió prácticamente solo. Y ahora, cuando lo releo, me doy cuenta de que funciona como una cajita de Cornell llena de plumas y canicas y planisferios y trocitos de espejo. Sólo que guarda cosas que ya nadie podrá ver ni tocar. El sabor de los almendrucos que nos comíamos cuando nos escapábamos del colegio. El roce de la mano de mi abuelo cuando subíamos por el camino que llevaba a Son Coll. Los saltos del perro Labrador que cazaba mosquitos en la barca que nos llevaba a la isla lacustre de Innisfree, en Lough Gill (muy cerca de la ciudad de Sligo), en el crepúsculo de un largo día de verano. El ruido de las olas de la playa Zicatela, en Puerto Escondido, cuando alguien gritaba «allí, allí» porque un *surfer* lograba hacer un tubo. La roca sumergida que había en la playa de Son Moll, y que estaba atravesada por una abertura grande, de unos cincuenta centímetros de ancho, por la que nos metíamos mi hermano y yo para demostrarnos que no teníamos miedo (una vez estuve a punto de quedarme atrapado en esa abertura, y sólo conseguí salir de milagro).

La poesía no sirve para nada, nos dicen, y estoy seguro de que en gran medida es cierto. Sí, es verdad, la poesía no sirve para nada. Pero leo este poema y de pronto me asaltan las dudas. ¿Realmente no sirve para nada? ¿Es eso cierto?

RÍO ARRIBA

La fatiga del viaje nos hace compañía, aquí, en esta
   ciudad familiar que no hemos visto nunca.
El hotel tiene el aire de un Gran Teatro de provincias,
   donde una pareja de viejos actores representa una obra
   que su autor ya ha olvidado.
La alfombra raída, en la escalera, la hemos pisado ya
   muchas veces, aunque no recordemos dónde ni en qué
   ocasión.
En la pared hay un cuadro que representa una fiesta
   campestre. Uno de los retratados se parece a nosotros.
Desde la habitación se ve un caballo que tira de un carro
   cargado con un niño y un tonel.
Un viejo barre la acera con un escobón de cañas.

El cielo raso de la habitación está descascarillado, las vigas
   gimen.
Si encendemos la lámpara, vemos un armario comido por
   la carcoma.
En nuestra cama, alguien ha dejado pelos ensortijados y el
   olor de la desgracia aceptada como irremediable.
Podríamos jurar que sabemos quién es esa persona, por
   mucho que lo ignoremos todo sobre ella.
Y este hotel es la vida, pasados los cuarenta.

El tiempo es un criado giboso y holgazán. Nos hace una
   reverencia cada vez que entramos o salimos de nuestra
   habitación.
Cuando se aleja de nosotros, camina de espaldas, sin
   quitarnos la vista de encima.
Fingiendo una mueca servicial, se está riendo de todo lo
   que no hemos hecho.

Fingiendo una mueca de compasión, se está riendo de
   todo lo que hemos hecho mal.

Aquí, los días son más cortos, aunque el invierno esté
   lejos.
En una sola noche, nuestras manos se vuelven torpes.
En una sola mañana, nuestros ojos se quedan sin brillo.
Los que se alojan en este hotel son como nosotros,
   incoloros e intercambiables, sin otro interés que el
   arañazo gris de todo lo perdido.

En esta cama tenemos sueños que nos sorprenden a
   traición.
Una mujer nos visita de madrugada, y nos pregunta por
   qué no le dijimos que la amábamos.
Embriagados como muchachos que acarician el pecho
   de una mujer, contestamos diciendo: «Aún hay tiempo.
   Somos jóvenes».
Nadie nos escucha.

En sueños vemos avanzar un glaciar.
Nos gustaría ser incorpóreos, porque el cuerpo se vuelve
   voluble, impredecible, avaricioso, infiel.
A veces, de madrugada, nos preguntamos por qué se
   obstinan los salmones en desovar en el nacimiento del
   río, remontando la corriente sin fuerzas y sin voluntad,
   río arriba, siempre más arriba.
Nos arropamos bajo las mantas cuando creemos
   vislumbrar el nacimiento del río.
Si nos asomamos de nuevo a la ventana, el viejo que barría
   la acera ya se ha ido.

RÍO ARRIBA

En Mallorca no hay ríos. Lo más parecido a los ríos que hay en Mallorca son torrentes que se desbordan cuando caen lluvias torrenciales o que arrastran una lánguida vida de jubilados ociosos, casi siempre sin caudal, casi siempre resecos.

El primer río que vi de cerca fue en Austria. Era un pequeño río truchero que pasaba junto al pueblo de Gaspoltshofen, en la Alta Austria (luego supe que el misantrópico Thomas Bernhard vivía por allí cerca y siempre se quejaba del olor insoportable de las granjas de cerdos). Yo tenía 13 años y pasaba el verano en casa de un médico, amigo de mi padre, que tenía seis hijos. Una mañana, el hijo mayor, Fritz, me llevó a pescar truchas al río, que creo –creo, no estoy seguro– se llamaba Weinbach. Fritz me dejó unas viejas botas de agua que había por la casa y nos metimos en el río. Yo creía que se pescaba desde la orilla, pero Fritz me corrigió con señas: había que meterse *dentro* del agua. Como yo no sabía usar el carrete ni mover bien la caña, Fritz tuvo que enseñarme los movimientos adecuados. En Mallorca yo solo había pescado con volantín desde una barca o con caña desde la orilla. Pero lo que yo sabía hacer no tenía nada que ver con la técnica fluvial, que era muy distinta.

Aquel día las truchas se lo tomaron con calma. Fritz me relevó con la caña, pero tampoco pudo pescar nada. Aunque era julio, el agua estaba muy fría. Las riberas del río estaban cubiertas de espesas juncias y de una larga hilera de sauces muy altos que no dejaban penetrar el sol. Me estaba quedando helado dentro del agua. Intenté sacudirme el frío moviendo las piernas sobre las rocas del fondo, pero no había manera: seguía helado. Salí del río, caminé bajo los árboles con los pies encharcados dentro de las botas y empecé a hacer movimientos frenéticos. Imposible calentarme. Fritz, mientras tanto, no paraba de reírse. Para él era un caluroso día de verano, e incluso se quitó la camiseta porque decía que tenía demasiado calor. Yo seguí paseando un rato entre los sauces de la ribera. Al cabo de un tiempo, como las truchas no picaban, Fritz decidió abandonar la pesca. Volvimos al pueblo caminando por un trigal. Fritz llevaba la caña, yo llevaba el zurrón vacío donde se suponía que íbamos a meter las truchas. A lo lejos se veía el remate en forma de bulbo negro del campanario de la iglesia. Era una iglesia rara, con la fachada pintada de color vainilla, nada acogedora sino más bien sombría, como si uno fuera a rezar allí por miedo mucho más que por amor o por esperanza. Cuando entré en calor caminando entre las espigas, volví la vista atrás y vi los sauces que bordeaban el río. Aquel día, a pesar del frío y a pesar del agua helada, descubrí que amaba los paisajes de Corot.

En la casa, a la hora de la comida, el padre de Fritz nos preguntó por la expedición de pesca. Como yo sólo sabía tres o cuatro palabras de alemán, Fritz tuvo que explicárselo. El padre le escuchó en silencio. Luego se dirigió a mí y me habló en un francés más que aceptable: «Quizá ya sea muy tarde para pescar truchas», me explicó. «Es posible que ya estén remontando el río para el desove. Suelen hacerlo al final del verano, pero a lo mejor este año han empezado a remontar el río antes de hora. El mundo está loco, ya sabes». «¿Y para qué hacen el viaje río arriba?», pregunté. «Muy sencillo: es el ciclo de la vida. Las truchas remontan el río hasta llegar a la cabecera, desovan y luego mueren. Así de simple. Es una hermosa forma de morir, ¿no crees? Nosotros no tendremos tanta suerte. Te lo dice un médico». Luego el doctor Povacz cogió el tarro de frambuesa, se sirvió una generosa porción junto al filete empanado y procedió a ingerir metódicamente la comida. Fue la única vez que habló conmigo.

DE VUELTA DEL COLEGIO

El olor de los dátiles maduros
irrumpiendo en el aire de noviembre.
La luz ocre que tiembla en una cúpula
mientras cantan los mirlos, y atardece.
Las voces de unos niños en la hierba.
Y en mi mano otra mano, casi ausente.

Todo eso, estoy seguro, volverá
cuando yo nada sepa ni recuerde.
Será quizá una brusca sacudida
entre los nervios de mi carne inerte,
o un espasmo fugaz, o un estallido
de luz en lo profundo de mi mente.

Y tampoco sabré de dónde viene.

DE VUELTA DEL COLEGIO

A comienzos de noviembre, cuando empezaba a hacer frío, la acera se llenaba de dátiles maduros. Los teníamos que sortear cuando llevaba a mi hija al colegio por la mañana y cuando volvíamos por la tarde. A veces nos parábamos en el parque, donde había dos vacas de madera, una de ellas sin cabeza. Mi hija quería subirse en la vaca sin cabeza. Después íbamos a los columpios. El suelo era de cortezas de árbol (muy oscuras, muy estriadas).

Quizá pueda parecer poca cosa. Y quizá pueda parecer una historia demasiado vista, demasiado convencional. Una historia ya mil veces contada y mil veces sabida.

Pero pienso en los dátiles maduros y en la vaca sin cabeza y en un niño que iba a última hora y cuyo padre era oncólogo.

Y no, no lo es.

AVENIDA DUQUE DE LOULÉ

Ella lloraba,
sola en la habitación,
mirando la lluvia.

Ella lloraba.
En su viaje de bodas.

AVENIDA DUQUE DE LOULÉ

En Lisboa no dejó de llover ni un solo día. El hotel estaba en la avenida Duque de Loulé. La habitación era muy pequeña, apenas la cama y un escritorio con una butaquita ridícula de color verde sucio. Se oían los ruidos de las cañerías. Y la lluvia, la lluvia que no paraba estrellándose contra la ventana (eso ocurrió hacia el año 23 a.C.C., es decir, antes del Cambio Climático).

Después, muchos años después, aparqué el coche y crucé una avenida y cuando intenté averiguar dónde estaba vi el letrero: Avenida Duque de Loulé. El nombre resonó como un latigazo. No tenía ni idea de que estuviera en aquella zona. Como tenía algo de tiempo, busqué el hotel. Recorrí dos veces la avenida, primero por un lado y luego por otro, pero no pude encontrarlo. Había desaparecido.

AQUÍ

¿Dónde estamos, Miguel? ¿Qué día es hoy?
No había visto el sol de esta manera,
brillando tan clemente y obsequioso,
pero roza mi cara, y tu sonrisa
me dice que también roza la tuya.
¿De dónde sopla el viento? Y esta hierba,
¿cómo es que crece aquí? Ya no sé nada,
ni quiero ya saber ninguna cosa.
Todo sobra, a no ser estos instantes
que nos dicen que el sol está brillando
y que el mundo ha dejado de dar vueltas.
Respira, acércate, dame la mano.
Y olvida a los que dicen que la muerte
es la única certeza de la vida.

AQUÍ

La felicidad –o los fugaces instantes de felicidad– no suelen tener buena prensa. «A nadie le interesa la felicidad –te dicen–. La felicidad es inenarrable: por mucho que te empeñes, jamás conseguirás expresarla. Todo lo más, vas a escribir una tontería blandengue que te va a dejar en ridículo. ¿Y para qué? A la gente no le interesa la felicidad. Con la felicidad no se puede hacer épica ni se puede hacer lírica. Y esa triste cosa que es la poesía anacreóntica sólo ha servido para hacer propaganda del vino y del sexo (hoy estaría patrocinada por Tinder). Y además, ¿quién demonios escribe hoy en día una poesía anacreóntica dedicada a los placeres de la vida? Nadie, ni un loco. Así que déjalo, no seas idiota».

Muy bien, de acuerdo. Lo entiendo perfectamente. Pero soy idiota.

TONTO Y YO

Llegan los nubarrones desde el sur,
lentos como un cortejo funerario.
Huele a heno empapado. Y el sol último
se dispone a decir adiós:
un viejo actor que olvida sus papeles,
ampuloso, gritón, histriónico,
con los dientes postizos,
sin público ni aplausos.

Estoy en la cocina. Y frente a mí
se ha echado Tonto, un gato vagabundo.
Nadie sabe de dónde viene.
Siempre trae arañazos,
le quitan la comida,
las hembras lo desprecian.
Es abúlico, lento, torpe, pero quizá
yo no haya conocido nunca a nadie
que sea tan feliz.
Tonto se ha recostado en el alféizar
de la ventana, lánguido, caprichoso,
como una cortesana en su diván
después de despedir a su teniente
joven y jugador y perfumado.

He fregado los platos. He limpiado la tetera.
Tonto bosteza, mueve un poco la cabeza, vuelve
a echarse sobre la madera
mellada y muy sufrida,
pero tibia aún, y acogedora.
Las nubes han llegado ya a la casa.
El sol desaparece. Miro

a Tonto, y a las nubes, y a la hierba
que se deja rozar por los espíritus
del viento y de los cuervos.

Pero Tonto me mira de repente.
«¿Adónde ha ido la luz?», pregunta.
«¿Por qué no me dijiste
que esta felicidad
iba a durar tan poco?»

TONTO Y YO

Tonto era un gato blanco con manchas de color arena y jengibre. Un buen día apareció por la casa de Ardtrasna, en Irlanda, y se quedó a vivir en el jardín. Le llamábamos Tonto por oposición al otro gato, de color gris oscuro, que también vivaqueaba por el jardín. Al otro gato le llamábamos Listo porque era mucho más astuto y metódico: sabía llegar el primero a atrapar la comida, sabía atraer la atención con lamentos quejumbrosos y sabía pavonearse cuando se acercaba a nosotros para demostrarnos su falso afecto protocolario. Tonto, en cambio, era abúlico y desorganizado. No tenía horarios, despreciaba la rutina y se quedaba a menudo sin comida porque llegaba demasiado tarde al reparto. Además, era imposible saber por dónde andaba. Iba y venía, se quedaba, desaparecía. Le gustaba instalarse bajo una mata de fucsias, pero un buen día se perdía de vista y no volvíamos a saber de él hasta pasados dos o tres días. Tonto profesaba –me dio la impresión– vagas ideas anarquistas. No creía en el matrimonio ni en la vida en pareja, no se llevaba bien con los otros gatos y prefería hacer su vida siempre solo, a ser posible bajo la mata de fucsias que había en el seto que daba al camino. Por lo demás, era un gato arisco, desdeñoso y muy poco comunicativo. No le gustaba que le tocaran. No le gustaban los mimos. No le gustaba fingir afecto ni cariño.

Una noche de tormenta, llamaron a la puerta. No teníamos vecinos en varios kilómetros a la redonda, así que fui a abrir, como suele decirse, con el corazón en un puño. En la casa había teléfono, pero nadie había llamado anunciando que iba a pasar a vernos (en realidad, casi nadie sabía que vivíamos allí). Cuando abrí, me encontré con una figura oscura, acurrucada bajo la lluvia, que se cubría la cara con la capucha del chubasquero. Me pareció ver –la lluvia que caía era muy fuerte– que aquella persona llevaba una guadaña en la mano. Una guadaña, sí, como en las ilustraciones barrocas de la danza de la muerte. Un desconocido que se tapa la cara y que se presenta en tu casa, en una noche de tormenta, con una guadaña en la mano no es la clase de persona que uno invita cortésmente a entrar. Me quedé parado, sin saber qué hacer. Ni siquiera tuve la rapidez de reflejos de cerrar la puerta.

Por suerte, el desconocido se quitó la capucha. «Hola, soy Leland», me dijo con una cavernosa voz de mujer, al tiempo que me enseñaba unos peces que colgaban de un hilo. En ese momento reconocí a nuestra vecina, una escritora que vivía a dos o tres kilómetros en una bonita casa con las ventanas pintadas de azul y una cabra en el patio (y que durante breves días fue mi profesora de gaélico). Resultó que Leland nos había traído las caballas que aquella tarde había pescado su hijo. Enseguida la invité a entrar, pero no quiso. Tenía mucha prisa, tenía que irse. Sólo había venido a traer las caballas. ¿Y la guadaña?, le pregunté. «¿La guadaña? Es de Raymond. Me la dejó en primavera y aún no se la he devuelto, así que aquí la tienes. Guárdala en el cobertizo, ahí es donde la tiene Raymond». Raymond era el dueño de la casa, un músico que vivía normalmente en Dublín. Luego Leland me dio la guadaña y se fue por donde había venido. Hasta llegar a su casa, tenía que caminar como mínimo dos kilómetros bajo una lluvia torrencial y con un frío de perros. Por suerte, vi que había venido en su Mini Morris. Salí a despedirla al camino, y cuando Leland se fue, corrí al cobertizo a dejar la guadaña y luego entré chorreando en la cocina a dejar las caballas en el fregadero. Así son los placeres sencillos de la vida en el campo.

Al día siguiente amaneció soleado (aunque luego el tiempo cambió y empezó a llover de nuevo; el tiempo irlandés, como los bebedores, nunca mantiene sus promesas). Pensé que Tonto se merecía un suculento desayuno a base de caballa fresca, así que le dejé un plato cerca de la mata de fucsias donde solía instalar su campamento ambulante. Imaginé que aparecería inmediatamente al oler las caballas, pero Tonto no dio señales de vida. Tampoco los dio durante el resto de la mañana. Ni por la tarde. Ni al día siguiente.

Tonto regresó a los dos días, al atardecer. En ese momento volvía a lucir el sol, y Tonto se tendió en el alféizar de la ventana de la cocina, que a esa hora estaba iluminado por los rayos del sol poniente. Fui a mirar si se había comido las caballas, pero todas seguían en el plato, ahora casi rebosante de agua, intactas. Ni las había olido. Le llevé el plato a la ventana, pero Tonto arrugó los bigotes y apartó despectivo la cabeza. Ni hablar de comerse aquella porquería. Bueno, fui a tirar las caballas (no se las llevé a Listo porque en aquellos días de tormenta se había trasladado a una granja vecina donde las condiciones de vida eran mucho mejores) y después me quedé un rato en la cocina. Tonto seguía en el alféizar de madera, tendido perezosamente, medio dormido, o quizá pensativo, concentrado tal vez en sus sistemas filosóficos para liberar a los gatos de todas las servidumbres del trabajo y de la esclavitud social.

Yo seguí preparando la cena, hasta que me di cuenta de que empezaba a oscurecer. Las nubes, además, presagiaban otra tormenta. El viento que llegaba del océano empezó a sacudir el seto que daba al camino. Fue entonces cuando Tonto se levantó casi de un brinco y se me quedó mirando. Fue un instante –¿cómo será un instante según la medición del tiempo de los gatos?–, pero la mirada fugaz de Tonto supo decirme en ese instante todo lo que tenía que decirme.

Luego Tonto dio un salto muy ágil –nunca imaginé que pudiera tener tanta destreza física– y desapareció por el jardín. No fue hacia el seto de fucsias, sino que se internó por un prado que llevaba a un cementerio de coches que había a un kilómetro. No volví a ver a Tonto en un par de días. Luego regresó varias veces a la casa, siempre lento, remolón y desmemoriado, pero nada volvió a ser igual entre nosotros.

EDSA, ESQUINA ROXAS BOULEVARD

La noche huele a kétchup y a cloaca.
Una vela ilumina el tenderete
de una vieja que vende cigarrillos.
No hay pájaros, ni luna, quizá tampoco cielo.
Las niñas con vestidos ajustados,
muy pintadas, modosas,
corren hacia el burdel
como si las llamasen las campanas
alegres del colegio.

EDSA, ESQUINA ROXAS BOULEVARD

Era mi primera noche en Manila. Salí del hotel y fui a dar una vuelta. El calor era tan pegajoso que uno creía caminar envuelto en un plástico. No había brisa de ninguna clase. Olía a gasolina, a fruta podrida y a cloaca. Llegué a una avenida por donde los coches pasaban a toda velocidad. En una esquina que daba al mar –luego supe que era la intersección de la avenida EDSA y Roxas Boulevard– me abordó un tipo sin dientes, vestido con una camisa hawaiana. «*You want a beautiful girl? Young, very young*», me preguntó. Le contesté que no. «¿Y qué tal dos chicas? Muy jóvenes, muy guapas». Sacudí la cabeza. «Ah, ya entiendo: lo que tú quieres es una chica y un chico. ¿O *quizá* dos chicas y *dos* chicos?». Le dije que tampoco quería eso. En ese momento exhibió una falsa mueca de sorpresa que dejó a la vista –como en las malas películas– un solitario diente de oro en medio de la boca desdentada. «Ah, claro. Lo que quieres son dos *chicos* muy jóvenes. *Two boys!* Dos chicos muy jóvenes y muy cariñosos. Claro que sí. ¿En qué hotel estás? Te los envío ahora mismo». Sentí decepcionarlo, pero volví a sacudir la cabeza. El hombre me miró con sorpresa –ahora sí real– y luego se encogió de hombros. Estaba visto que aquella noche le había tocado encontrarse con un desgraciado que no quería disfrutar de la vida, un alucinado, un demente. Antes de darse la vuelta, me dirigió una mirada de desprecio, luego otra de lástima, y enseguida desapareció sin protestar. Lo vi sortear con habilidad los coches enloquecidos que cruzaban la avenida y luego se perdió entre el gentío.

EDSA, esquina Roxas Boulevard. Vaya lugar. No había semáforo, ni paso de cebra, ni nada, así que me armé de valor y crucé la avenida como pude, intentando imitar al hombre de la camisa hawaiana. Un microbús estuvo a punto de atropellarme, y cuando logré sortearlo, uno de los pasajeros se asomó a la ventanilla y se rio a carcajadas: no debía de estar acostumbrado a ver a un opulento turista occidental jugándose el tipo de una forma tan estúpida.

Al llegar al otro lado de la avenida, pasé por un mercadillo donde una vieja recogía la basura con una escobilla y luego la quemaba en montoncitos muy pequeños, y luego se quedaba muy quieta, con la cabeza agachada, mirando los montoncitos que ardían como si les estuviera rezando para agradecerles las escasas ventas del día. Calle abajo había una hilera de casas de juegos iluminadas con neones, como las atracciones de feria. Tenían forma de pagodas, falsos chalets alpinos, castillos de Disneylandia, casinos de Las Vegas. Había luminosos por todas partes. My Poker. Mr. Dream. The Ultimate Experience. En aquel tramo se veían docenas de hombres: unos que entraban y otros que salían. Los que entraban caminaban erguidos, orgullosos, decididos. Los que salían caminaban muy despacio, como si no supieran dónde pisaban o estuvieran muy borrachos, y a veces miraban al suelo como si buscasen un billete que se les había caído por descuido: un billete, o una moneda, o un amuleto de la suerte, cualquier cosa. Una señora, sentada en un escalón, vendía paraguas de colores. Otra mujer, sentada en la acera y alumbrada por una vela, vendía cigarrillos fabricados a mano. Nadie compraba paraguas. Nadie compraba cigarrillos. Una familia entera dormía bajo un cajero automático del Bank of Philippines. Un hombre se me acercó y me preguntó en mal inglés si quería ver una pelea de gallos.

Cené solo en un restaurante de comida rápida, mientras dos tipos medio borrachos cantaban «Cuando calienta el sol» en la tarima del karaoke. Desde el ventanal, vi pasar a una familia entera montada en una bicicleta: el padre conducía, la madre iba en el sillín y los dos niños iban dormidos en una especie de portaequipajes lateral que el padre había fabricado con una tabla de madera. Cuando volvía al hotel, ya tarde, un *jeep* se detuvo en la misma esquina donde me había abordado el hombre de la camisa hawaiana, EDSA esquina Roxas Bouleverd. De la trasera del *jeep* bajaron unas diez niñas de no más de doce años. Todas iban vestidas de negro, con trajes muy ajustados y zapatos de tacón. Todas iban muy maquilladas. Todas llevaban collares y pendientes de quincallería. Las chicas empezaron a caminar muy deprisa hacia una de las salas de juegos que tenían forma de pagoda. Pasaron frente a una casa de empeños y un local de apuestas, dejaron atrás un poste de electricidad del que colgaban docenas de cables dispersos, y luego pasaron frente a un chiringuito que vendía cochinillos asados y pasteles de yuca, o casabe, como los llaman allí.

Cuando las chicas llegaron a la falsa pagoda, la última chica, la más pequeña, se detuvo un segundo. A toda prisa, se cambió los zapatos de pie. Eran zapatos de tacón muy afilado. Quizá le venían grandes, o pequeños, o le dolían, o no quería llevarlos. No sé cómo, logró mantenerse en pie sin apoyarse en ningún sitio y se cambió los zapatos. Después volvió a correr detrás de las demás, que ya estaban subiendo los peldaños de la casa de juegos. La puerta de la falsa pagoda se abrió y todas las chicas desaparecieron en el interior de la falsa pagoda.

La última chica, la más pequeña, llegó por fin a la entrada. La puerta estaba cerrada. La chica esperó unos segundos mirándose los zapatos. Se tocó el tacón y luego se pasó la mano por el pelo. Por fin la puerta se abrió. Se oyó música, ruido, gritos, risas. La chica entró corriendo en la pagoda. La puerta volvió a cerrarse. El tráfico pasaba a toda velocidad por la avenida: triciclos, motos, coches, *jeepneys*, camiones. La noche olía a kétchup y a cloaca.

HALCÓN EN EL POSTE

Tengo un poco de frío.
Por encima de mí, aunque no mucho,
los gansos vuelan hacia el sur.
«Escápate», me dicen.
«Sé tú mismo», me dicen.
«El mundo se termina. Aprovecha
lo poco que te queda», me repiten.
Pero yo no me muevo.

Las hojas de los robles y los arces
enrojecen deprisa,
y pienso que quizá es por la vergüenza:
ha pasado el verano
y no han sabido hallar lo que buscaban.
Y mientras tanto,
el tedio avanza, insaciable,
como una gran ballena atolondrada
que busca regresar al mar abierto.
Pero yo no me muevo.

Es domingo. Ya tocan las campanas.
El diente de león, las mariposas,
el murmullo del agua en el arroyo:
todo es bello, lo sé, pero lo bello
ya no me dice nada.
Y ahora también las nubes me susurran:
«Síguenos ya». Y las hojas se retuercen
en una especie de éxtasis
que es principio y final, como el amor
que no se sacia nunca,
y que no es suficiente,

pero siempre nos falta.
¡Ah, el amor, el amor!
Pero yo no me muevo.

Y la vida está lejos, ya lo sé,
lejos, muy lejos:
allá hacia donde vuelan esos gansos
felices de moverse en cada instante
por la ruta adecuada.

Pero yo no me muevo.

HALCÓN EN EL POSTE

Lo vi en el cruce de West Louther y Cherry Street, en Carlisle, Pensilvania. Fue a comienzos del otoño, antes de que los árboles de la calle empezaran a teñirse de rojo. Era un ave de buen tamaño que estaba posada sobre la señal de tráfico que indicaba el paso de las vías del tren. Cuando la vi, el lento tren de mercancías de la Norfolk Southern volvía al depósito después de realizar el trayecto hasta Filadelfia. Volví a verla al día siguiente, y después a lo largo de varios días más. A veces, el ave estaba posada en las ramas bajas de un roble blanco. Otras veces se trasladaba a un poste de electricidad. Pero lo curioso es que siempre estaba allí cuando pasaba el tren y hacía sonar la sirena. El ave no se movía, no se alteraba. Miraba, observaba, tal vez protegía. Podría ser el halcón Horus de Egipto, el hijo de Isis y de Osiris, el ave divina que ungía a los faraones.

El depósito de los trenes estaba muy cerca de la casa donde yo vivía, así que los trenes tenían que pasar obligatoriamente por West Louther. Y cada vez que pasaba el tren de mercancías, todas las casas de la calle temblaban. Sabíamos a qué hora llegaba el tren porque notábamos una especie de vibración lejana que iba acercándose muy despacio. Luego oíamos la sirena en el cruce de West Louther. Y entonces las paredes empezaban a tiritar (era literalmente así: tiritaban como si tuvieran escalofríos). En ese momento sabíamos que el tren de la Norfolk Southern volvía a casa.

Y allí estaba el ave, esperando el tren en el cruce de West Louther. Al principio no supe muy bien qué clase de ave era. Tenía un color de arena rojiza con el pecho moteado y las alas de color pardo oscuro. Por el tamaño y el color parecía un halcón, pero ¿qué clase de halcón? Tuve que buscarlo en Google hasta que encontré la respuesta: era un ratonero de cola roja, *Buteo jamaicensis*, también llamado gavilán de cola roja o busardo colirrojo. En inglés tenía un nombre perfecto, *red kite*, un nombre sencillo y evocador que podría traducirse por «milano rojo» pero también por «cometa roja». Una cometa vuela –es su destino–, así que el nombre inglés de aquella ave era el mejor posible. En cambio, cualquiera de los nombres en español –ratonero, busardo o incluso gavilán de cola roja– resultaba inexacto para describir la armoniosa perfección de aquella criatura. Uno no puede levantar la vista, al cruzar una avenida, y ver volando en el cielo un «ratonero de cola roja». Tampoco puede pasar frente a una señal de tráfico donde se ha posado un «busardo colirrojo». No, eso es imposible. La imagen de un ave volando o incluso posada sobre un poste no se corresponde con ese nombre cacofónico que parece llevar plomo en las alas.

Así que el ave que contemplaba imperturbable el paso del tren de mercancías no podía ser un busardo colirrojo ni mucho menos un ratonero de cola roja o un gavilán colirrojo. Llamarlo así era un insulto: esos nombres sólo podían designar a un pájaro disecado en un museo de taxidermistas. Aquel ave posada en el poste era todo lo contrario. Lucía un hermoso color de arena tostada. Era una criatura viva dispuesta a volar y a morir. Sin mover un tendón, miraba el tren de mercancías –aquel coloso de acero que era mil veces más poderoso que ella– como si estuviera retándolo a una carrera de resistencia. «Corre detrás de mí si te atreves, idiota, a ver quién se cansa antes», parecía decirle al tren de la Norfolk Southern que volvía de transportar *containers* repletos de carbón y de cloruro de vinilo. Por supuesto, aquella ave ni siquiera se dignaba mirar a los transeúntes que pasábamos por la calle West Louther. Era como si quisiera decirnos que nada de lo que hacíamos le inspiraba la más mínima curiosidad: «¿Adónde vais, imbéciles? ¿No veis que estáis perdiendo el tiempo?». Cuando los egipcios rezaban al halcón Horus, lo invocaban con estas palabras: «Aquel cuyo ojo izquierdo es el sol y cuyo ojo derecho brilla como la luna». ¿Cómo llamar ratonero al ave que nos miraba con un ojo que era el sol y con otro ojo que era la luna? No, aquella ave no era un ratonero ni un busardo ni un gavilán. Era un halcón. Un halcón sagrado.

Me acostumbré a ver a aquel halcón en el cruce de West Louther. Estaba llegando el otoño, los gansos salvajes volaban muy deprisa hacia el sur y las hojas de los robles empezaban a teñirse de rojo cobrizo. Pero él seguía allí, metódico, imperturbable. Llegaba el tren de mercancías, hacía sonar la sirena y el halcón se mantenía en su sitio. Miraba, vigilaba. «Adelante, todo en orden». Y miraba el tren como si fuera una de aquellas aves sagradas que protegían las tumbas de los faraones. Hasta que un buen día el halcón desapareció. Una tarde oímos la sirena del tren y miramos hacia el cruce, pero el halcón ya no estaba allí. No estaba en el poste, ni en las ramas más bajas del roble blanco ni en la señal del paso a nivel. Y no volvió. Y fue entonces cuando empezaron a llegar las bandadas de gallinazos. Enormes, gigantescas bandadas de gallinazos de cabeza roja que oscurecían el cielo y volaban por todas partes hasta que se ponía el sol. A veces seguían volando de noche, cuando sólo las luces tímidas de las casas iluminaban la calle. Salías al patio trasero y sentías que las bandadas de gallinazos seguían volando sobre la ciudad. Negras, tupidas, silenciosas, las bandadas sobrevolaban las praderas sobre el río Conodoguinet, los aparcamientos del Walmart, el estadio de fútbol americano, el parque Dickinson, los campos de juego del instituto… Todo, todo. Parecían buscar algo, una nueva ruta, un compañero perdido, una vía de salida, una señal misteriosa, y volaban y volaban en densas bandadas silenciosas. Hasta que un día también se fueron las bandadas de buitres. Y llegó el invierno.

MY WIFE

Algún día, en el mundo de los muertos,
donde el vacío es tiempo
y el tiempo es sólo espacio,
y donde las tinieblas se burlan de los gritos
porque de nada valen ya los gritos,
gritaré un solo nombre,
uno solo,
ignorando por qué lo he recordado.

Y tú lo oirás.

MY WIFE

No recuerdo absolutamente nada sobre el momento en que escribí este poema. Tampoco recuerdo nada sobre las circunstancias que lo rodearon. No guardo notas ni borradores ni fechas. No tengo ningún archivo con correcciones ni versiones previas. Así que debo suponer que surgió de la nada y se quedó ahí, flotando en algún punto indeterminado, como ocurre con esos sueños tan intensos que nos hacen despertarnos de golpe, y luego, durante un tiempo, nos impiden saber dónde estamos, si aún estamos soñando o si ya estamos despiertos, si todavía estamos allá o si ya hemos regresado aquí, sea lo que sea lo que signifiquen *allá* o *aquí*.

CRÉAC'H
(Isla de Ouessant, Bretaña)

Bajo este sol de agosto,
perezoso, sin prisas,
meto las manos en el agua quieta.

Alguien tira de mí
con la fuerza de un toro enloquecido.

«Ven conmigo», dice el mar.
«No tengas miedo».

«Aquí dentro no existe la vasta oscuridad
del cielo sin estrellas.
Si te asustas,
un faro alumbrará el camino a casa.
Y tú regresarás feliz a casa
aunque no tengas casa en ningún sitio».

«Ven conmigo», dice el mar.
«No temas el silencio.
Aquí el silencio vibra
con todas las historias de este mundo.
Soy el líquido amniótico de la Tierra.
Si viven las criaturas,
si tú vives,
sólo es gracias a mí».

«Si quisieras,
te podría contar tu propia historia,
la única verdadera,
esa que ni siquiera tú conoces.

Basta con que me acerques tus oídos
y te dejes llevar.
Escucha cómo late el corazón,
mi corazón,
tu corazón,
bombeando la sangre de este mundo».

«No temas», dice el mar.
«Ven conmigo».

CRÉAC'H

El faro de Créac'h se halla en la isla bretona de Ouessant, en el Finisterre francés, a unos 20 kilómetros de la tierra firme. La isla es muy pequeña (tiene el tamaño de Cabrera) y sólo cuenta con unos 900 habitantes. Ouessant está en una de las zonas más peligrosas para la navegación de toda Europa. En el cementerio vi la tumba de un capellán de las fuerzas armadas canadienses y de dos marineros ingleses desconocidos, cuyos cuerpos habían sido arrastrados a la isla después de que se hundieran los barcos en los que viajaban. Hasta hace treinta o cuarenta años, los isleños no tenían otro destino que enrolarse en la marina de guerra francesa o irse a trabajar al continente. Ni siquiera podían hacerse pescadores porque la isla no tiene un buen puerto natural. La tierra es pobre y no da para mucho. En cada extremo de la isla hay un faro o una baliza luminosa que señala los arrecifes y los bajíos. La poca gente que conoce Ouessant la llama la isla de los faros.

A los pies del faro de Créac'h hay una cala rodeada de peñascos de granito. Una mañana de agosto bajé hasta la orilla, y de pronto sentí el impulso de meter la mano en el agua quieta. Era un día muy tranquilo de verano y la superficie del mar estaba totalmente en calma. Pero nada más meter la mano en el agua, sentí la fuerza descomunal de las corrientes marinas. Era una fuerza que no había sentido nunca. Las corrientes parecían tirar de mí hacia el fondo del mar. Creo que nunca he sentido la fuerza enloquecida del mar como la sentí aquel día bajo el faro de Créac'h. De algún modo inexplicable, sentí que el mar tenía derecho a arrastrarme hasta el fondo. Y yo debía estarle agradecido por ello.

GRILLO

Las noches son muy frías.
Hay escarcha en la calle
y sopla el viento norte.
Pero hasta aquí me llega,
desde el jardín trasero,
el canto testarudo
de un grillo, de uno solo.

Sigue cantando aquí
buscando una pareja
o llamando a su gente,
sin saber que se han ido,
o que lo han olvidado,
o que ya han muerto todos.

O quizá sí lo sabe.
Y por eso su canto
es mucho más tenaz,
más inquieto, más fiero.

Y mucho más hermoso.

GRILLO

Fue cuando se acercaba el huracán Sandy a las costas de Norteamérica. Los meteorólogos avisaban de que se trataba de una tormenta nunca vista, *Frankenstorm*. Las calles se vaciaron y la gente se encerró en sus casas. A última hora de la tarde, una madre aparcó el coche frente a la guardería que había al otro lado de la calle, recogió corriendo a su hija y desapareció en el coche. Las dos monitoras de la guardería revisaron las ventanas, apagaron las luces, comprobaron que la puerta de la calle estaba bien cerrada y corrieron hacia el aparcamiento. El coche pasó a toda velocidad y desapareció calle abajo. Luego ya no se vio a nadie más en West Louther. Todo se quedó en silencio.

Y en ese momento, cuando ya estaba oscuro y las nubes de tormenta llegaban a la ciudad, oí el canto del grillo en el patio trasero.

AL CUMPLIR LOS CINCUENTA

A Pere Joan, 20 de mayo de 2006

Cuando uno es joven, nunca se imagina
que un día va a alcanzar el medio siglo,
una edad excesiva, o hasta innoble,
para un ser destinado a grandes cosas:
el triunfo, o la aventura, o la maligna
belleza de los sueños que uno alberga
cuando es fuerte e impetuoso y no cree en nada.
¿Qué traiciones ocultan tantos años?
¿Cuánta deshonra, cuántas rendiciones?
Lo mejor de uno mismo —eso creemos—
se queda abandonado en el camino.
Morir joven e invicto: esa es la meta.

Hasta que llega el día, tan callando,
en que uno se descubre con cincuenta,
y esa cifra rotunda le da miedo,
porque son muchos años, y uno sabe
que no ha hecho aún aquello que debía,
y teme que se escape lo mejor,
porque apremia el deseo de vivir
y uno nunca se niega a ser dichoso,
a pesar de saber que lo difícil
es renunciar a serlo, y conformarse
con la serenidad de la rutina,
y con la luz salobre de la tarde,
y la charla casual con un amigo:
pedir más es pecado de soberbia.
Y aunque es cierto que no somos mejores
que algunos, más mezquinos o más hábiles,

o más desesperados, cuando menos
sabemos que aún no hemos destruido
lo mejor que una vez hubo en nosotros.
Y eso es mucho si vives en Mallorca,
donde nunca te miran a los ojos,
y nadie acepta fiarse de su sombra,
y cualquier gratitud nos desagrada,
y donde la pasión está mal vista,
y donde nos gobiernan *in absentia*
los granujas que nunca dan la cara,
porque son –y eso sí que tiene mérito–
incluso más cobardes que nosotros.

La piedra que una mano arroja al mar
y rebota en el agua... ¿cuántas veces?,
dos, tres, cuatro, con suerte cinco o seis.
No somos nada más: la mano ignota,
el impulso en el aire, el vuelo incierto,
y luego un ruido de agua acogedora.
Por eso hay que aceptar lo que tenemos,
esos leves milagros que nos llegan
no sabemos de dónde: cierta música,
una noche tranquila, vastos sueños
que entregan sus colores desvaídos,
la amistad de unos pocos, la confianza
de alguien que soportó nuestras miserias:
todo eso es lo que cuenta. Olvida el resto,
Pere. Si ahora tienes estas cosas,
y las disfrutas, ya tienes la gloria
que acaso perseguiste cuando joven
(aunque sé que jamás fuiste ambicioso).

Y no temas el paso de los años
dudosos que aún te quedan por vivir.
Con un poco de suerte, volverás
al mar, tu única patria, la que siempre
te acepta tal cual eres, y ese mar
no habrá sido violado, y será al fin
una criatura intacta y peligrosa,
como era en nuestra infancia, y habrá un faro
que alumbre las corrientes, y una cala
de piedras ovaladas, y la noche
será dulce y muy leve, y no habrá nada
que importune el deseo, ni la dicha
de haber llegado allí, lejos de todo
lo inmundo que ha invadido nuestra isla.

AL CUMPLIR LOS CINCUENTA

Escribí este poema para celebrar el 50 cumpleaños de mi amigo Pere Joan. Los dos nacimos el mismo año. Los dos fuimos al mismo colegio cuando éramos niños. Los dos pasamos nuestra juventud en Palma. Si hago memoria, no recuerdo haberme reído tanto en la vida como cuando he estado cenando o paseando o bebiendo con Pere en La Polilla o en el Chotis.

«Aquí yace el buen payaso Protógenes, esclavo de Clulio, que supo hacer disfrutar a la gente con sus bromas». No sé dónde leí esta inscripción sepulcral, que apareció en la antigua ciudad de Amiternum, en el centro de Italia. Cuando escribí el poema me acordé de nuestras risas y de nuestras interminables idas y venidas por las calles de Palma. Y me acordé también del buen payaso Protógenes, que supo hacer disfrutar a la gente con sus bromas, y que de algún modo nos acompañó en todos aquellos años en que Palma fue –y me duele escribir el verbo en pasado– una de las ciudades más libres y más abiertas que he conocido.

HONOR AL TRABAJO
(Antigua fábrica de paños de Villeneuvette, Hérault)

A Louise Adenis

Aquí rezaban.
Aquí dormían.
Aquí fueron enterradas,
donde hay ahora una planta de compost,
en recintos distintos
para hugonotes, papistas o leprosas.
Tejedoras, las llamaban,
o hilanderas, o pañeras.
Una inscripción decía
«Honor al trabajo»
en el pórtico de la entrada
de tiempos de Colbert.

Se llamaban Imbert, Bedos,
Issert, Poujol, Maistre.
Vieron el bosque de encinas,
paredes de piedra, adoquines,
los canales del agua que movía los molinos,
las altas ventanas
por las que apenas entraba la luz.
Su vida fue el vaivén de los telares,
el áspero olor de la lana cruda,
los dedos incansables
del capataz que hurgaba entre sus faldas.
No hubo mucho más.

Los domingos cogían madroños en el puente,
miraban en misa al hijo de un vecino,

untaban la cazuela de manteca,
mataban un ganso,
barrían el suelo
y rezaban a Dios.
Pero el lunes, de nuevo,
a las cinco y media,
redoblaba el tambor.
Y ellas volvían al taller,
al estrépito del torno,
a la desmotadora
que le había cortado los dedos a una niña,
o al molino
que te dejaba sorda
antes de que llegara el día de casarte.
«Dios bendice el trabajo»,
se leía en la capilla.
Y quizá era verdad.

Pero ellas no bendecían el trabajo.
Ellas bendecían a Dios.
Y escribían cartas en secreto
a un hombre que servía
en el ejército del Rey,
y un día les había hecho
promesas de amor.

HONOR AL TRABAJO

Aparcábamos el coche bajo los plátanos de la explanada y caminábamos hacia el antiguo poblado manufacturero de Villeneuvette, en Hérault, en el sur de Francia. Miguel llevaba una espada de madera que había encontrado en la casa donde pasábamos el verano. Vera cogía las hojas caídas de los plátanos (ya en julio habían empezado a caer) y jugaba a soltarlas como si estuviera lloviendo. El poblado estaba formado por las antiguas naves de la fábrica de tejidos y las viviendas de los obreros, casi todas mujeres. Había una capilla, una fuente, un pequeño acueducto, un cementerio. Oficialmente, 71 personas vivían en el recinto de la antigua fábrica. La casa en la que estábamos pertenecía a una mujer que había nacido en la isla de Farö, en Suecia (donde vivió Ingmar Bergman en sus últimos años). Para entrar había que cruzar un pórtico que tenía el aspecto de un fortín militar. *Honneur au travail*, decía la inscripción que había mandado colocar en el frontis el ministro Colbert. Eso fue en 1677.

En las ordenanzas de 1870, cuando la fábrica llevaba dos siglos funcionando, se podía leer la siguiente disposición: «Los niños que tengan menos de 14 años no iniciarán la jornada laboral hasta las 6 horas de la mañana en verano y a las 7 en invierno, y la terminarán a las 6 horas de la tarde. Ningún niño de menos de 9 años podrá ser admitido al trabajo».

EN LA LADERA DEL LASCAR

Quizá los muertos sólo vean esto:
la tierra desollada, las cenizas
que llegan hasta el fin del horizonte.
Un dios torpe creó esta infinitud,
y en seguida corrió, avergonzado,
a ocultarse en algún sitio. Eso hicieron
nuestros primeros padres, allá en el Paraíso.

El viento arrastra el polvo en tolvaneras.
Gira como un derviche, grita como un guanaco.
Pero ya no hay guanacos. Se evadieron
de este polvo miedoso y esta luz impasible.
¿Qué banda de gitanos acamparía aquí?
¿Qué amor puede llenar este vacío?

Estoy solo entre rocas que me dicen:
«A nadie aquí le gustan los extraños».
La espalda de un volcán contra la mía
es todo lo que tengo. No me importa.
Ahora silbo *White Christmas*. Nunca nadie
sabrá si soy feliz o desdichado.

EN LA LADERA DEL LASCAR

Por el cuaderno de notas que llevaba, estuve en la ladera del volcán Lascar, en el desierto de Atacama, el 3 de noviembre de 2000. Conduje por el Salar de Toconao y luego me metí, sin saber muy bien por qué, por una pista de ceniza volcánica que subía hacia los Andes. A unos trescientos o cuatrocientos metros me encontré con un pueblo diminuto que se llamaba Camar. Eran las dos de la tarde, pero la luna ya era bien visible en el cielo.

Bajé del coche. Un niño asaba mazorcas de maíz en una parrilla, pero no vi a nadie más. Pasé junto a un aljibe lleno de agua verdosa. Luego vi un pequeñísimo campo de fútbol en el que había una única portería. En el cementerio, todas las tumbas tenían una cruz de madera y una corona de flores de papel. Había unas veinte o treinta tumbas. En una cruz pude distinguir un nombre, Lidio Tejerina, muerto el 14 de julio de 1945 a los 21 años. En la tumba de al lado se veía un borroso apellido Tejerina, pero nada más. En las demás tumbas no se podía distinguir ningún nombre.

Cuando salí del cementerio, me encontré con dos mujeres descansando bajo un falso pimentero. Vi que tenían mochilas y que llevaban ropa de excursionista. Les pregunté si iban a algún sitio, ya que yo iba a volver en coche a San Pedro de Atacama. Las dos mujeres se pusieron en pie de golpe y me dijeron que aceptaban encantadas. Una tenía unos 35 años y la piel muy oscura y cuarteada. La otra era mucho mayor –unos 60 años– y no paraba de sonreír. No tenía dientes. En el coche, me dijeron que eran de Calama y que cada vez que podían se tomaban unos días de vacaciones y se iban a acampar «por los cerros» en una tienda de campaña. Esta vez habían estado dos días en el Lascar y ahora tenían que regresar a Calama. Les pregunté si de noche no hacía demasiado frío en la montaña, pero me dijeron que no y que hacía mucho más frío en la ciudad. Les pregunté si eran excursionistas o aficionadas al *trekking*. «No, no», me contestó la más joven. «Nosotras nos venimos para acá porque nos gusta el silencio y porque así no tenemos que estar con los maridos ni trabajar para nadie». «Nadie», repitió la mujer mayor.

Cuando llegamos a San Pedro ya se había hecho de noche. Las dejé en la estación de autobús y las dos me dieron efusivamente las gracias. «Nos hemos ahorrado caminar como veinte kilómetros», me dijo la mayor. Cuando entraron en la estación, a lo lejos se veían las luces de la azufrera, en la carretera que llevaba al puesto fronterizo de Bolivia. Había empezado a hacer frío.

Fueron ellas, sin saberlo, las que introdujeron la música alegre de *White Christmas* en el poema.

DOS CUERVOS

A Miguel Dalmau

Habían entrado por la chimenea
en la casa de Ardtrasna, en Irlanda.
Por qué no pudieron salir,
eso nunca lo sabremos.

Entraron en la casa
y juntos murieron.
Juntos en vida
y juntos en la muerte.

Quizá uno siguió al otro,
el macho a la hembra,
o la hembra al macho.
Eso tampoco lo sabremos,
y además no importa.

Revolotearon y revolotearon
buscando una salida.
Chocaron con las ventanas,
los libros, las teteras,
buscando una salida.

Los encontramos
en la cocina de la casa,
uno al lado del otro,
unidos en la vida,
unidos en la muerte.

Era difícil saber quién era la hembra
y quién era el macho.
Pero uno de ellos tenía en los ojos
algo muy parecido a una luz desconocida.

Era la luz que alumbra el infinito,
ese lugar que el cuervo conocía
y yo no (todavía no, todavía no).

Y entonces vi que aquel cuervo era la hembra,
porque sólo una hembra
es capaz de mirar al infinito
sin miedo, y hacerlo suyo,
y guardarlo en sus ojos para siempre.

Los coloqué muy juntos
bajo un gran seto de fucsias:
ala con ala,
pico con pico,
muerte con muerte.

Y los cubrí con un túmulo de piedras:
piedras tenaces, piedras
que llevaban siglos resistiendo
los embates dementes del Atlántico.

A lo lejos se veía el mar
y un islote deshabitado.
Allí estaría
su morada celeste,
su humilde Tír na nÓg:
pero no la Isla de la Eterna Juventud,
sino otra isla: la isla de la fidelidad,

la isla de la confianza,
la isla de las vidas que ardían juntas
y juntas se consumían,
sin quejas, sin lamentos.

No me fui sin pedirles que algún día
se apiadaran de mí
y me indicaran el camino
hacia allá lejos.

Volví a la casa.
Encendí la chimenea.

Llovió toda la noche.

Las fucsias derramaron
sobre ellos dos
las lágrimas serenas
de la lluvia de agosto.

Por la parte de atrás había un prado lleno de almiares cubiertos con una tela plástica. En un extremo se veía un espantapájaros montado sobre la carcasa de un Ford amarillo. Más arriba se veía la silueta achatada del Ben Bulben. William Yeats estaba enterrado a los pies de la montaña, en el cementerio de Drumcliff. Por el otro lado, hacia el oeste, se llegaba a la playa de guijarros: el fiero Atlántico que batía y batía la orilla sin piedad. Ardtrasna.

Cuando llegamos había dos cuervos muertos en el jardín. El dueño que nos alquiló la casa –y que vivía en Dublín– nos había contado que los dos cuervos habían entrado por la chimenea y no habían podido salir. Revolotearon durante varios días por la casa vacía hasta que murieron de hambre. La persona que había ido a arreglar la casa antes de alquilárnosla los había dejado en el jardín.

Y allí estaban. Macho y hembra. Rígidos, solemnes, desafiantes, como si incluso muertos quisieran demostrar que no habían perdido la gracia de estar vivos. Los cuervos son aves monógamas y aquellos dos cuervos habían vivido juntos y habían muerto juntos. Los llevé a un parterre del jardín y los cubrí con un pequeño túmulo de piedras, como el que había en la cima de la montaña de Knocknarea, donde se decía que estaba enterrada la reina Maeve, la antigua reina de Connacht. Aquellos dos cuervos también se merecían una tumba real.

«Hay una tierra llamada Tír na nÓg, que significa la Tierra de la Juventud, porque la vejez y la muerte no han llegado hasta allí, ni tampoco las carcajadas ni las lágrimas. Está cubierta por una perpetua vegetación de colores sombríos. Sólo un hombre ha estado allí y ha regresado».

Esto lo escribió Yeats en su ensayo sobre los cuentos de hadas irlandeses. La tierra de Tír na nÓg, la tierra sin vejez y sin muerte, la tierra sin carcajadas y sin lágrimas. Cuando dejé a los dos cuervos en el jardín, bajo el pequeño túmulo de piedras, pensé que habían sido ellos dos las únicas criaturas que habían regresado jamás de Tír na nÓg.

CABO SARDÃO

Estamos esta tarde mi hijo y yo
mirando el cielo
desde el banquillo visitante
–tan viejo ya como un cesto de mimbre–
en el campo de fútbol
que hay en Cabo Sardão:
el más extraño que conozco,
el más deshabitado que conozco,
junto a un faro
y casi asomado al precipicio
barrido por el viento
que llega del océano.

«¿Qué loco juega aquí?»,
pregunta mi hijo.
Yo sólo sé
que aquí juega un equipo muy modesto,
sin gradas,
sin césped,
sin espectadores,
sin vestuarios:
Cabo Sardão Futebol.
Desde hoy será por siempre nuestro equipo.

Y cuando nos vamos,
pienso que así sucede el arte:
a solas
en un campo de fútbol
que se asoma al vacío y a la nada.

Y si metes un gol en plena escuadra,
nunca hay espectadores
ni aplausos;
tan sólo el vasto cielo indiferente
y ese viento que aúlla en los escollos.

CABO SARDÃO

Cuando te acercabas al acantilado, el viento era tan fuerte que tenías que agarrarte a una roca. Nos habían dicho que había nidos de cigüeñas en los peñascos de granito, casi a ras de agua, y que se veía planear a las cigüeñas a merced de las violentas ráfagas de viento. Miramos y miramos, intentando mantener el equilibrio, pero no pudimos ver nada: ni cigüeñas ni pescadores ni caminantes asomados al precipicio. Sólo el mar, el mar, el mar. Y las olas. Y el viento que se estrellaba contra tu cara, el viento rabioso, el viento trastornado, el viento que se había vuelto loco intentando escapar de sí mismo. Estábamos en Cabo Sardão, en el Alentejo portugués. *Hic sunt dracones.*

Volvimos atrás, hacia el faro, que estaba a unos cincuenta metros de los acantilados. El faro de Cabo Sardão se construyó en 1915, cuando las lámparas de los reflectores se alimentaban con vapor de petróleo. ¿Quién sería el primer farero que se estableció allí? Aquel hombre y su familia –si es que tenía familia– apenas tuvieron contacto humano con sus vecinos. De vez en cuando les llegaban noticias que ya habían dejado de serlo: el final de la Gran Guerra, los pastorcitos que habían visto a la Virgen en Fátima, el asesinato de Sidónio Pais en la estación del Rossio, el nombramiento del adusto profesor Oliveira Salazar, al que no le gustaban los fados ni el fútbol, qué cosa tan rara. Eso era todo. Y mientras tanto se sucedía la rutina de la vida en el faro: los cadáveres de ahogados que aparecían flotando bajo los acantilados, el ulular de las sirenas en las largas noches de niebla, los pesqueros que enviaban desesperados mensajes de socorro hasta que de repente dejaban de sonar y ya nunca más se volvía a saber de ellos… *Hic sunt dracones.*

Luego fuimos paseando por el campo de fútbol. Un niño que jugaba cerca del faro –probablemente hijo del farero– nos había dicho que aquel campo de fútbol era del «*Sardão Futebol Clube*». La cancha de tierra estaba junto a los acantilados. Una de las porterías estaba a menos de diez metros del precipicio. La otra no tenía red. Había dos banquillos protegidos por una frágil estructura de madera. En uno de ellos podía leerse «equipo visitante» (*time visitante*). Mi hijo y yo nos sentamos en aquel banquillo –al fin y al cabo, éramos visitantes– y de golpe los asientos empezaron a temblar de forma amenazadora. El viento que llegaba hasta allí tenía la furia de un perro rabioso. ¿Cómo se podía lanzar un balón contra aquel viento? ¿Qué equipo de fútbol podía jugar allí? *Hic sunt dracones.*

TERRANOVA

Allá a lo lejos veo Terranova
desde este avión que está llegando a América.
Son las tres de la tarde, más o menos,
a este lado del mundo, aunque en Europa
es seguro que ya casi es de noche.

Un contorno ondulante, tan borroso
como esa isla-pez de San Brandán
que idearon los monjes irlandeses
tras oír los relatos de un marino
sin duda enloquecido por la fiebre.

Estuve allí, hace tiempo, en otra vida.
Y ya toda mi vida es otra vida
de alguien que está muy lejos, y contempla
distraído la estela de un avión
que se va deshaciendo en el vacío.

Y desde abajo, entre la nieve,
le grito a esa estela que se aleja:
«Vuelve atrás,
             vuelve atrás,
                        sí, vuelve atrás».

TERRANOVA

Cuando bajamos del avión había nieve por todas partes. Un policía nos indicó la sala de espera. Me asomé al ventanal: se supone que estábamos cerca del Atlántico, pero lo único que se veía era nieve y más nieve, y si uno levantaba la vista, un cielo inalterable del color de una lasca de pizarra. Estábamos en Gander, Terranova, a finales de diciembre. El avión de Cubana de Aviación que volaba desde Madrid hacía escala allí antes de reemprender el vuelo a La Habana. Mientras miraba por el ventanal, me acordé de unos versos de John Donne (de la elegía «A su amada a la hora de acostarse») en los que leí por primera vez la palabra Terranova:

> Da licencia a mis manos errantes,
> déjalas ir, por delante, por detrás, por encima, por abajo.
> Oh, mi América, oh, mi Terranova,
> mi reino más seguro porque sólo lo habita un hombre.

El poema de Donne era un estallido de furia erótica, así que yo asociaba la palabra Terranova («mi país recién descubierto», como llamaba Donne a la desnudez total de su amada) al puro gozo carnal de las manos errantes que recorrían un cuerpo deseado. Donne escribió su elegía hacia 1595, pero en la historia de la literatura hay muy pocos poemas que tengan la misma temperatura erótica. Para Donne, Terranova era una mina de tesoros carnales, pero lo que se veía en la Terranova real era un frígido paisaje de nieve y cielo gris. El policía bostezaba en su garita. Los pasajeros dormitaban en las sillas de plástico. Los radiadores de la calefacción gimoteaban agotados. Se estaba haciendo de noche y el mundo se desvanecía. Oh, mi América, oh, mi Terranova.

Muchos años después vi la silueta de la isla de Terranova desde un avión. Por allí, en algún lado, estaba Gander, el aeropuerto, el ventanal, la garita del policía y los pasajeros agotados –casi todos eran trabajadores cubanos que volvían de un año de trabajo obligatorio en Libia–, y por allí, en algún lado, estaba yo asomado a la ventana mientras recordaba los voluptuosos versos de Donne y el gélido paisaje que rodeaba el aeropuerto. Oh, mi América, oh, mi Terranova.

CEMENTERIO INDIO
(Carlisle Indian School, Carlisle, Pensilvania)

A Enrique Martínez-Vidal (1932-2012), in memoriam

Tuvieron que comer pan, que les sabía a tierra.
Y queso, que tampoco les gustaba.
Y leche, que les daba náuseas.
Y soportaron la áspera lana de los uniformes,
y los cuellos tan duros como sogas,
y las botas lustradas con betún
–porque no había allí grasa de búfalo–,
que a todos les desollaban los pies,
ya que los mocasines estaban prohibidos.

Y debieron cortarse el pelo
–su gran vergüenza, su peor deshonra–,
y ver cómo quemaban sus chaquetas
de piel, y los fetiches y amuletos
que sus madres les dieron en el tren
que ya se los llevaba de sus tierras.

Nacieron para ser como las águilas,
pero ahora tendrían que ser cuervos.

Y estudiaron comercio, álgebra, religión,
hicieron el saludo a la bandera,
y respondieron: «Sí, capitán Pratt»
con palabras que herían sus gargantas
como la escarlatina o las paperas,
añorando los baños en el río,
el humo de los tipis, el regalo
de un caballo, o aquel grito de guerra

de su hermano mayor
en un amanecer en las llanuras.

Y escribieron sus cartas a sus padres:
«Por favor, mi querido padre,
mándame el arco con las flechas,
cuida bien a mi pony,
y dile a mi hermano Cuatro-Perros
que me escriba pronto.
Volveré dentro de dos años
si el capitán Pratt quiere».

Y tuvieron que usar unas palabras
que no existían en sus lenguas,
palabras sin sentido
como la frase «yo estoy solo»,
una frase imposible en sus idiomas,
pero que ahora era tan real
como un escalofrío en un camastro
en cuanto se apagaba la luz del dormitorio.
Y palabras como «útil», «honor», «patria»,
«civilizar», «bandera», «mantequilla».
«Ya soy un chico útil», pensaban confundidos,
reprimiendo las lágrimas,
mientras abrillantaban los zapatos
o se ponían los tirantes del boxeo.

Y desfilaron
cada domingo por el pueblo,
al son de las trompetas y trombones
que les hacían morirse de miedo.
También tenían miedo de las niñas
con gruesas faldas y gruesos corpiños.

Y a las niñas les daban miedo ellos,
con sus gruesas casacas
y sus cuellos tan duros como un hueso.

Abe Lincoln, hijo de Antílope,
cheyenne,
17 de enero de 1880.
Hayes, hijo de Viernes,
arapahoe del norte,
15 de abril de 1882
(y no sé bien por qué, pero a Hayes lo imagino
mirando desde aquí
a un jilguero en un poste del telégrafo
justo antes de caer enfermo).
Kate Rosskidwits, wichita,
10 de enero de 1882.
Isabel Kelcusay, apache,
25 diciembre 1884.
Y al fondo cinco tumbas
con la misma inscripción: «Desconocido».

Algunos ya llegaron muertos en el tren
que los traía del oeste.
Otros aquí murieron.
Paperas, sarampión, viruela, fiebres,
tuberculosis, neumonía:
cualquier cosa podría haberlos matado.
El profesor Lippincott dirigía
las honras fúnebres,
y por aquí resuenan sus palabras
si aún somos capaces de escuchar:
«La civilización y la cultura»,
«Debéis ser útiles y buenos ciudadanos»,

«El Gran Espíritu que aquí se llama Dios»,
y cosas por el estilo.

Y ahora sólo quedan
las lápidas que asoman entre el césped,
con una flor roja, una sola,
que no sabemos quién les ha dejado,
y la hierba que crece y crece, indiferente,
y que murmura encogiéndose de hombros:
«Ellos no están,
pero yo sigo aquí».

Mientras miro sus tumbas,
y cae la lluvia helada, y un camión
pasa a toda pastilla,
y se oye un cornetín en el cuartel,
y un criminal de guerra hace la ronda,
ellos están rezando por nosotros
al sol, o al Gran Espíritu, o a Dios,
o al vacío, o a la hierba que susurra.

Nacieron para ser como las águilas,
y acabaron muriendo como cuervos.

CEMENTERIO INDIO

Era un frío día de otoño en Carlisle. Un profesor de español ya jubilado (Enrique Martínez-Vidal) aparcó el coche cerca de la Escuela de Guerra. Luego caminamos unos cien metros bajo la lluvia y me señaló una vasta extensión de césped en la que se veían varias hileras de cuadriláteros blancos. «Mira las lápidas», me dijo el profesor Martínez-Vidal. «Muchas no tienen nombre. Sólo dicen *Unknown*. Otras tienen un nombre casi borrado o del todo invisible. Sólo unas pocas tienen un nombre reconocible. Mira esa: *Jack Martha, apache. Febrero 1888*».

Estábamos en el cementerio de la antigua *Indian School*. En 1879, un veterano de las guerras indias –el capitán Pratt– montó en Carlisle un internado que tenía como objetivo convertir a los niños indios en «personas civilizadas». Esa fue la Escuela India, la *Indian School*. El propósito de la escuela era «extirpar al indio para preservar la persona». Para el capitán Pratt, la persona no podía coexistir con el indio, así que las autoridades federales transportaron a cientos de niños indios desde los remotos territorios al otro lado del Mississipi hasta la Escuela India de Carlisle. Eran niños y niñas apaches y sioux, arapahoes y comanches, kiowas y navajos y de todas las demás tribus indias del Oeste. El primer contingente estaba formado por 131 alumnos. Todos tuvieron que aprender a vestirse como personas civilizadas y a comportarse como personas civilizadas y a hablar como personas civilizadas. Tenían que vestirse con severos uniformes de lana áspera y cada domingo desfilaban al son de una banda de música formada por los propios alumnos. El primer niño que murió en la escuela fue Amos La Fromboise, un sioux, a los pocos días de llegar. Cuatro meses más tarde, el 17 de enero de 1880, murió el segundo niño, Abe Lincoln, cheyenne. Después fueron muriendo muchos más, todos a causa de la tuberculosis o el sarampión, y fueron enterrados en el pequeño cementerio de la Indian School. Y allí estaban sus tumbas, aquellas lápidas diminutas que sobresalían del césped. Los alumnos que sobrevivieron regresaron a sus reservas sin saber muy bien si eran indios o «personas civilizadas». En 1918, después de una intensa campaña de críticas por la crueldad del trato a los escolares indios, la escuela cerró.

El profesor Martínez-Vidal era un catalán de Barcelona que había sido profesor de español en Estados Unidos desde los años sesenta. Caminaba con dificultad porque sufría un linfoma y tenía que someterse a un complejo tratamiento de quimioterapia en una clínica cercana. Cuando fuimos al cementerio, el linfoma ya estaba muy avanzado. Estaba muy claro que el profesor ya sabía que le faltaba muy poco para ir a ocupar su lugar bajo otra lápida en otro cementerio de la ciudad. Martínez-Vidal era uno de esos extraños españoles de religión protestante, y en Estados Unidos oficiaba como sacristán voluntario en una de las iglesias episcopalianas de Carlisle. El profesor Martínez-Vidal murió un año después de nuestra visita al cementerio de la Indian School. Como es natural, le dediqué este poema que él hizo posible.

En cierta ocasión, leí este poema en castellano en un congreso de escritores nativos americanos que se celebró en el Dickinson College de Carlisle. Al final del acto, cuando todo el mundo se iba a su casa o al hotel o a los dormitorios del *college*, se me acercaron dos hombres muy altos –rozaban los dos metros– que iban vestidos como cantantes de *country*, con ropa vaquera y corbatas de lazo. Uno de ellos, en perfecto castellano, me dijo: «Nos ha gustado mucho su poema. Queremos darle las gracias en nombre de nuestros hermanos». Luego los dos me estrecharon la mano, inclinaron la cabeza y desaparecieron por el *hall* con lentos pasos majestuosos. Nunca he visto a nadie caminar como caminaban ellos, con una gravedad y una solemnidad que ya no parecen posibles en nuestro mundo, como si nada fuera lo suficientemente importante como para obligarles a apretar el paso, y al mismo tiempo, como si nada en el mundo pudiera detenerlos una vez iniciado el camino. Luego me enteré de que eran dos jefes Lipan Apache que formaban parte de la amplia familia de Jack Martha, el niño apache que había muerto en febrero de 1888. También me enteré de que el niño no se llamaba Jack Martha, sino Jack Mather. Alguien había escrito mal su nombre en la lápida, y eso que su verdadero nombre no era ni Jack ni Mather ni Martha. «Queremos darle las gracias en nombre de nuestros hermanos». Creo que es el mayor elogio que he recibido nunca.

EN MITAD DE LA NOCHE

Con dedos invisibles, por la noche,
alguien trenza de nuevo los destinos.
Recompone lo roto, le devuelve
la armonía perdida a lo imperfecto.
Cobran vida las cosas que no fueron,
y lo que el mal deshizo, vuelve a ser.
Del cerebro dañado surge un río
de aguas siempre tranquilas. De la médula
enferma crece un bosque de hayas, míralo
ahí, ahí. Lo que no tuvo forma,
lo que no llegó a ser, el niño muerto,
el destino truncado, un amor triste,
todo esto resucita en esos dedos
que vibran en la noche. Y así surge
la inconstante belleza de este mundo.
Y también la del más allá
que no conoceremos.

EN MITAD DE LA NOCHE

A veces te despiertas en mitad de la noche; o bueno, no te despiertas porque ni siquiera te has podido dormir. Hay un zumbido insistente que te perfora la cabeza, como una migraña que viniera acompañada de fiebre alta. Intentas olvidar el zumbido, intentas darte la vuelta, pero es imposible. El zumbido no te deja en paz. Es como si un pájaro carpintero te estuviera martilleando en la frente al tiempo que te dicta palabras, o incluso frases, frases enteras que al principio parecen incomprensibles pero que poco a poco se van haciendo límpidas y rotundas, perfectas, indestructibles. «Escríbelas, no las dejes escapar», te ordena una voz que se parece mucho a ese zumbido que te golpea las sienes. Y entonces te levantas y corres a garabatear esas palabras. Después vuelves tambaleándote a la cama con la esperanza –vana– de dormirte. Y a la mañana siguiente, aturdido, ojeroso, con el corazón palpitante, descubres que las palabras que has apuntado por la noche son ilegibles, o peor aún, son idiotas, así que estrujas el papelito y lo echas a la papelera. Creías tener un pájaro carpintero en la cabeza, y creías que tú eras el árbol donde ese pájaro iba trazando su canción. Pero no había pájaro carpintero ni árbol ni canción. No había nada más que un zumbido molesto intraducible en palabras. Esa sorpresa, ese aturdimiento, esa decepción, es lo que se suele denominar trabajo poético.

Pero otras veces, cuando menos lo esperamos, ese trabajo poético –ese zumbido, ese martilleo, esa migraña– nos entrega unas palabras que sí tienen sentido. Con dedos invisibles. En mitad de la noche.

MORRALLA

Quién sabe si es verano o es invierno,
eso a nadie le importa,
el sol brilla,
no hace frío,
nadie está impaciente.

Hay dos niños que pescan en el muelle
bajo el sol cauteloso,
un sol que no permite la injusticia
ni admite la traición,
un sol que es como un río
que bendice la tierra.

Los niños echan el cebo
en el agua turbia.
Hay corrientes secretas
y manchas de gasoil,
y el aceite que flota
y luego se disuelve,
el aceite feliz
que acepta su destino.

Arrojamos el pan con sobrasada.
Los peces vienen
mordisquean
se dispersan,
huyen,
vuelven.

Flotamos tranquilos
en el agua sucia,

el pan, la sobrasada,
yo soy el pan,
y tú la sobrasada.
Y ahora vuelven los peces,
rápidos, eléctricos,
enajenados,
bancos de peces
fugitivos de sí mismos,
el zigzag de los peces,
el zigzag.

Tú eres el pan
yo soy la sobrasada,
el cebo flota aún
en el agua aceitosa,
y yo soy el pan
y tú la sobrasada.

Y al fondo está
el pez inmóvil, grande,
la gran sombra,
está allí, quieto, esperando,
ni siquiera abre la boca.

Los pececillos giran, suben,
se dispersan,
comen, bajan,
huyen,
vuelven.

La sombra bosteza,
abre la boca,
la cierra,

escondida
en el cieno,
rugosa,
grande,
un nuevo mundo,
una sima,
un universo.

Llámalo como quieras
destino, oscuridad,
llámalo como quieras,
el gran pez, la boca abierta,
cerrada, bostezando,
absorto,
indiferente.
Llámalo como quieras.
Nadie sabe si está allí,
o aquí,
o en ningún sitio,
la boca abierta,
las dos hileras de dientes,
afilados, eléctricos,
amarillos.

Yo soy el pan,
tú la sobrasada,
allí abajo, en el fondo,
llámalo como quieras,
allí abajo, la boca bien abierta,
llámalo como quieras,
destino, vida, cosmos,
llámalo como quieras,
muerte, Dios.

MORRALLA

Mi hermano Miguel y yo estamos en el Paseo Marítimo de Palma, a la altura de la dársena de Can Barbarà. Es nuestro barrio, Porto Pi, a las afueras de la ciudad. El año es 1965, quizá 1966. Detrás de nosotros hay un biscúter aparcado en el que acabamos de meternos para jugar a los coches de choque, pero del que nos ha expulsado un camarero furioso blandiendo un periódico (la *Última Hora*, diría yo). Como no tenemos nada que hacer, cogemos la caña de pescar, la cesta de cáñamo y nos sentamos en un noray del puerto. Cebamos el anzuelo con un poco de sobrasada –nuestro abuelo nos ha dicho que a los peces les gusta la sobrasada– y echamos la caña. Mi madre no quiere que pesquemos lisas –«son peces sucios», nos advierte–, pero lo único que hay en el puerto son lisas, así que eso es lo que vamos a pescar. Es abril y hace fresco. Se está bien en el puerto: la barcaza del práctico cruza la bahía, un trasatlántico se acerca al muelle y todos oímos la sirena. Palma es un buen lugar para vivir. Todavía no sabemos nada de la gran sombra que acecha en el fondo.

EURÍDICE RESCATA A ORFEO

Tal vez nos han contado mal la historia
y no fue Orfeo quien salvó a Eurídice.
Fue al revés. Quien bajó a los infiernos
fue la mujer, fue ella: Eurídice.
Ella miró a la cara a los demonios.
Ella ahuyentó al perro de las cien
   cabezas.
Ella fue la que habló con Hades.
Ella hizo huir a las sombras.

Y cuando yo la seguí,
subiendo por las faldas del volcán,
ni siquiera hizo falta que ella se volviese.
¿Quién podría dejar de ir detrás de ella?
¿Quién podría dejar
de creer en su palabra?

Y mi flauta suena ahora,
aquí, frente a un estanque,
en una casa con un huerto.
He vuelto.
Hemos vuelto.
Alegraos, seres humanos. El Hades
ha sido derrotado.

EURÍDICE RESCATA A ORFEO

El peor día era el sábado por la tarde. Los que podíamos, arrastrábamos el gotero y nos íbamos a la zona de espera que separaba las dos unidades de hospitalización. Desde el ventanal que daba al oeste se veía el puente del Centenario, en la dársena del Guadalquivir. Uno de esos sábados se situó a mi lado una chica que iba en una silla de ruedas. Durante un rato, los dos nos quedamos mirando la puesta del sol. Todo estaba inundado de rojo ceniciento: los tirantes del puente, el agua de la esclusa, las cubiertas de unas pocas naves industriales que reflejaban el último resplandor agónico del sol que se extinguía. La chica no podía apartar los ojos de la vista del puente. Estaba muy pálida, como si llevara meses sin ver la luz del sol. Cuando nos dimos cuenta, se había hecho de noche. Se veían las luces del puente, los faros de los coches, los reflectores del muelle. Sin decir nada, sin mirarnos, cada uno volvió a su habitación.

La habitación estaba en la cuarta planta. Los días que me sentía con ánimos apuntaba algunas cosas en un cuaderno de espiral. Son palabras sueltas, frases inconclusas, alguna idea que no se llegó a cuajar. Leo al azar: «Entre grullas y delfines», «fentanilo, oxaliplatino, gemcitabina», «adenocarcinoma».

No me gustan demasiado los poemas culturalistas repletos de referencias clásicas. Pero en este caso la referencia a Orfeo y Eurídice me pareció inevitable. De entre todos los mitos clásicos, el de Orfeo y Eurídice es el que siempre me ha atraído más. De niño, cuando lo leí por vez primera en una selección de lecturas escolares, lo que más me fascinaba era el momento en que Orfeo tocaba la lira para que Caronte, el barquero del inframundo, aceptara llevarlo al otro lado de la Laguna Estigia, donde moraba Eurídice vigilada por Hades y Perséfone. Es imposible imaginar una mejor definición del poder del arte: esa lira que conmueve al corazón de ceniza del barquero del Hades. Es evidente que la historia bíblica de Lot y la estatua de sal –la que más me intrigaba de todas las del Génesis– se derivaba del mito de Orfeo y Eurídice, o al revés, que tampoco lo sabemos. Porque Orfeo bien pudiera ser un descendiente griego de un antepasado mesopotámico llamado Lot, y Eurídice una descendiente de la mujer innombrada de Lot que acababa convertida en estatua de sal por volver la vista atrás al abandonar Sodoma. Es verdad que en el mito de Orfeo era él quien volvía la cabeza atrás y sufría la maldición de perder de nuevo a Eurídice, mientras que en la historia bíblica era la mujer de Lot la que incumplía la orden de no mirar atrás. Pero el caso es que esa historia, como mito, es imbatible. Uno de los mejores poemas de Anna Ajmátova es justamente «La mujer de Lot».

Recuerdo bien el día de salida del hospital. Fue a finales de mayo, en un día luminoso en el que soplaba –cosa extraña– una brisa fresca muy poco habitual. Cuando subimos a un taxi creí ver –no era para menos– grullas y delfines flotando a nuestro alrededor. Y lo más importante de todo: aquel día supe que fue ella, Eurídice, quien rescató a Orfeo de los infiernos.

DOCTOR FEDRIANI

Fue en el peor momento,
en lo peor de todo,
cuando tu vida se iba a la mierda
y cuando tu país se iba a la mierda:
en octubre del año diecisiete,
recuérdalo tú y recuérdalo a otros.

Cuando todo colgaba de un hilo
y a nadie le importaba;
cuando dieron un golpe de estado
y a nadie le importaba;
cuando los *güayómings* y los *évoles*
se partían de risa
porque estas cosas no les importaban
(y ahora puedo oír sus burlas desde aquí).
Fue cuando se reían de tu patria,
cuando todos mentían sobre tu patria,
cuando arrastraban a tu patria por el suelo.

Pues bien, en esos días tristes,
en octubre del año diecisiete,
en el Polígono Norte,
una calle de parques mustios,
de barberías caribeñas
con ruido a reguetón,
de mujeres con velo
y de niños jugando en las esquinas,
una calle modesta
de locutorios, bazares, colmados
te demostró que aún cabía la esperanza.

En una ventana
–en aquel edificio ni siquiera había balcones–
dos banderas colgaban: la dominicana y la tuya,
o mejor, la que nunca habías sentido tuya
hasta que se abatieron los días de la infamia.
Y al lado de las dos banderas
–pequeñas, tímidas, improvisadas–
había unas zapatillas de deporte
sobre el alféizar.
Nada más. Las dos banderas
y las zapatillas,
en un bloque perdido
del polígono norte
mientras el verano agonizaba.

Y justo en ese momento, muy arriba,
la luna perdida
vino a verte,
la luna huérfana,
la luna hambrienta,
la luna que buscaba el camino de vuelta
–¿hacia dónde, si ni ella lo sabía?–
y te dijo al oído, en un susurro:
«Tu país se salvará. No tengas miedo».

Calle Doctor Fedriani,
Polígono Norte,
Sevilla.

DOCTOR FEDRIANI

El referéndum ilegal de independencia de Cataluña tuvo lugar el 1 de octubre de 2017. Hacía calor, un calor pegajoso que se arrastraba desde el veranillo de San Miguel. Por la tarde, después de ver en la televisión las cargas policiales y los enfrentamientos con los votantes, supe que las cosas iban muy mal. En ningún otro momento de la historia reciente de España –ni siquiera durante el golpe de Tejero en febrero de 1981– sentí que algo muy grave estaba pasando. Fue una sensación de dislocación, de ruptura. No sé por qué, aquel día tuve la certeza de que habíamos iniciado un viaje de no retorno. La grieta insalvable estaba ahí. Y nosotros formábamos parte de esa grieta.

Anonadado, estuve caminando casi toda la tarde por la zona norte de Sevilla. En muchas ventanas había banderas españolas. Yo creía que el fenómeno de las banderas se limitaba a las zonas burguesas del centro, pero en el extrarradio había más banderas que en los barrios de clase media. Era algo que no había sucedido nunca (y que quizá no vuelva a ocurrir). Ya casi de noche vi la bandera española junto a una bandera dominicana y unas zapatillas de deporte en el alféizar. Las dos banderas estaban colgadas en una ventana del primer piso de un edificio de la calle Doctor Fedriani (en ese edificio también había una pancarta que reclamaba un ascensor para los ancianos). No me gusta la poesía cívica –en verdad, la detesto–, pero cuando volví a casa no pude resistir el impulso de escribir este poema. Algún día me gustaría encontrarme a aquella persona de origen dominicano que colgó las dos banderas en su ventana, y simplemente darle las gracias.

HIBISCOS

Encorvada, encogida, diminuta,
se apoya en el bastón
y va contando las flores de hibisco,
las flores amarillas,
resecas como el aire,
rugosas como celofán.

Lo hace cada día
en cuanto sale a la terraza.
Cada día.
Cada día.

«Una, dos, cuatro, seis».
«Trece, catorce, quince».

El sol quema.
El milano planea
sobre almendros sedientos
(su madre ya volaba por aquí,
y a lo mejor la madre de su madre,
y acaso, ¿por qué no?, la madre de la madre de su madre).

«Diez, once, doce».
«Ocho, diez, nueve».
«Tres, cuatro, uno».

Cada día.
Cada día.

¿Por qué siguen aquí?
¿Por qué son amarillas

si el mundo es todo negro?
¿Por qué son negras
si el mundo es amarillo?

¿Hay algún nombre en una lengua humana
que pueda definir esto que ocurre:
la mente que no sabe que no sabe
y el corazón que cuenta y cuenta flores?

¿O es al revés:
el corazón no sabe que no sabe
mientras la mente cuenta y cuenta flores?

HIBISCOS

Mi hermana se encargaba de las plantas del jardín en la casa de Valldemossa. Pero el pruno se desecó durante una helada. El laurel fue atacado por un pulgón. El magnolio no resistió los embates del viento norte que llegaban del mar. Y mi propia hermana cayó en junio del 2015, atacada por un linfoma como el que se llevó al profesor Martínez-Vidal. Pero los hibiscos amarillos resistieron en su maceta de la terraza. Nadie recuerda quién los plantó ni cómo llegaron. Un buen día aparecieron allí, en un tiesto protegido por una columna, y desde entonces los consideramos inamovibles. Al salir a la terraza, los hibiscos nos dan la bienvenida, igual que la *possessió* de Son Moragues, la montaña de Na Torta y el milano que vuela sobre el campo de almendros. Son el paisaje que estamos acostumbrados a ver. Sin ese paisaje, de algún modo estaríamos incompletos (y me gustaría creer que ese paisaje también se siente incompleto sin nosotros, pero tal vez eso sería demasiado creer). Y ahí, en la terraza, están los hibiscos amarillos, esperándonos. Lo primero que hace mi madre cada día es ir a verlos.

NUBES

Venidas de ningún sitio, regresan a ese otro ningún sitio
al que algún día llegaremos.
Cambiantes, movedizas, insolentes, no aceptan nada que
esté ensuciado por los hombres.
Nadie podrá hincar allí una bandera.
Nadie podrá usurpar su ingrávida deriva.
Pero ellas nos acogen por un instante, y sus formas
sediciosas componen una música que acaso nos devuelva
todo lo perdido.
Entre sus copos se oculta un delfín que horada el vacío
con sus cabriolas.
El último resplandor de una tarde de oro que alumbró a
dos amantes, allí refulge, altanero.
La hierba que acarició a un hombre que sabía que iba a
morir,
las risas de dos niños que jugaban junto al mar,
la manzana que alguien alcanzó a ver desde un tren,
la escarcha de una cerca, un pozo de agua, un río...
Todo eso está ahí, en esas formas indolentes que pasan y se
deshacen y vuelven a la vida.
Y allí, en una de esas formas sin forma, es feliz al fin alguien
que ha muerto.

Escribir poemas en verso libre –decía Robert Frost– es como jugar al tenis sin red. Y tenía razón. Pero desde que leí los versículos de Borges –los primeros que leí fueron los de *Fervor de Buenos Aires*– supe que algún día iba a utilizar los versículos. Y así ha sido. Hay un momento en que uno siente un cierto cansancio de la métrica y de los patrones fijos. Y hay un momento en que uno se harta de fabricar endecasílabos ininterrumpidos. Y entonces aparecen los versículos. En contra de lo que se suele creer, los versículos son muy difíciles de escribir. Exigen un ritmo endiablado que no decaiga en ningún momento. Exigen una música –sí, una música– que sólo se puede crear con las pausas y las rupturas de ritmo. No, no es fácil escribir versículos. Son libres, irrespetuosos, errantes, sediciosos, apátridas. No tienen casa ni nación ni destino. Como las nubes.

Si la poesía fuera una ciencia exacta, existiría en la gramática el modo verbal «nebular», o *nubilosus*, que sería el modo verbal en el que se conjuga el lenguaje poético. Y del mismo modo que existe el modo *irrealis* (que se conjuga a través del subjuntivo) para expresar lo conjetural, lo hipotético, lo que podría haber sucedido pero no llegó a suceder o no sabemos si llegó a suceder, el modo «nebular» (o *nubilosus*) se aplicaría a todos aquellos instantes en los que se funden pasado y presente, verano e invierno, luz y sombra, amargura y felicidad, juventud y vejez. Ese modo *nubilosus* es –espero– el que ha hecho posible los poemas de este libro. «Hibiscos», desde luego, está escrito usando el modo nebular, el modo verbal *nubilosus*.

CONSEJO

«¿Qué debemos hacer
para escribir un buen poema?»,
quiso saber un hombre
en un coloquio de poetas.

«¿Has besado la frente
de tu padre en el ataúd? ¿Y llevas
aún ese hielo en los labios?
¿Y sabes ya cómo ese hielo quema?
¿Y sabes que ese hielo
te salva de ti mismo
sin que tú lo sepas?
¿Llevas aún ese hielo en la boca?
¿Y es ahora tu boca?
¿Y es ahora tu lengua?
¿Sí? Pues ahora
ya puedes escribir un poema».

CONSEJO

Mi padre pasó montado en bicicleta. Y nos sonreía, nos sonreía. Era una sonrisa amplia, irreprimible, una sonrisa que nunca le había visto. Pero al cabo de un instante mi padre estaba caído en el suelo y alguien –un transeúnte– lo estaba atendiendo. Yo intentaba llegar, pero era imposible. No podía moverme. Lo intentaba con todas mis fuerzas, movía los brazos y las piernas, pero eran de piedra, no había forma de moverlas. Y en esto me despertaba. Se había acabado el sueño. Afuera, estaba lloviendo a cántaros.

¿Por qué se empeñan los muertos en visitarnos? ¿Debemos darles las gracias por presentarse cuando menos los esperamos? ¿O debemos maldecirlos por hacernos concebir esperanzas en vano? Pero allí había estado mi padre, pedaleando en bicicleta frente a nosotros. Y sonriendo, sonriendo. No sé por qué, recordé que su lugar favorito de Mallorca era la gasolinera Shell que hay a la salida de Sineu, en la carretera de Ariany. Cuando cruzaba la isla para ir a Manacor, siempre se paraba en esa gasolinera. Ahora que caigo, cuando pedaleaba en bicicleta seguro que iba a esa gasolinera Shell. Pero no pudo llegar, claro.

Fue un día de febrero. Cuando volvimos del hospital, sólo había un coche aparcado en el camino bajo los plátanos. Era un Peugeot polaco con matrícula de Cracovia. Apunté la matrícula: KRA 0354F. Aquel camino siempre estaba lleno de coches y autocares aparcados de mala manera, pero aquel día sólo había el coche polaco. KRA 0354F. Miré al otro lado del camino, tras el muro de piedra: allí estaba el prado en el que los burritos se revolcaban en verano, y más atrás, los bancales que ascendían suavemente hacia la montaña de Sa Comuna. Si existen los Campos Elíseos y sus prados de asfodelos, el paisaje no debe de ser muy distinto de ese camino bordeado de plátanos frente al prado de los burritos. Y justo en este momento, al ponerse el sol, está empezando a cantar un alcaraván.

BRIAN WILSON COMPONE *SURF'S UP*

La luz de un amanecer de agosto
es una nota rojiza, redonda, no, no,
ovalada más que redonda, y casi cálida,
tibia, sí, tibia,
en mi menor, justo en mi menor.
La rozo, la oigo, la siento
porque está aquí, no, no está aquí,
está dentro, dentro.
Y los remolinos de la playa
forman una armonía a tres voces,
las puedo oír ahora, una escala de voces
que ascienden en el aire y se funden con el sol
que aún no ha salido pero al que yo veo
porque puedo oírlo, sí, ahí está:
ahora mismo asoma por el horizonte
y yo lo oigo y muevo los brazos
porque yo también asciendo
con el sol y la lluvia y la niebla y el viento.

Las voces, las voces…
Están aquí de nuevo. ¿No las oís?
Puedo oír las tripas del bajista
y el ruido de las cañerías
y el *basso continuo* del extractor de humos.
Pero ahora llegan las voces de los niños
que cantan las vísperas en una iglesia helada.
Y las voces de los niños en el funeral
de una tía sordomuda.
Y las voces de los niños que susurran,
helados, agotados,
cuando vuelven a casa por las calles embarradas.

Esas voces están ahí. ¿Cómo es posible
que no podáis oírlas?

«Has vuelto a ser joven», decían los sacerdotes egipcios
a las momias de los muertos. «Ahora respiras de nuevo».
Y yo los oigo en mi cabeza en un idioma que no conozco
pero que mi corazón entiende.
Y esas voces abren la boca de los muertos.
Y les dicen: «Respira. Eres joven de nuevo».
Y esas voces están ahí, han vuelto, están ahí.
Y los muertos son otra vez jóvenes.
Y mi propia voz vuelve a ser joven.
Y yo asciendo en el aire con la luz y el viento
y los pinos y las olas de la playa.
«Habito en el oeste del cielo», dicen los muertos.
Y yo habito en el oeste del cielo.
Y soy el cielo. Y el oeste. Y el crepúsculo.
Y el amanecer. Y el silencio del amanecer
justo antes de que empiecen a cantar los pájaros.

Y esa nota que nadie más oye
pero que yo sé que está ahí.
Esa nota que se forma
cuando dos notas que son la misma nota
suenan a la vez y se funden en una sola.
La misma, pero distinta.
La misma, pero otra.
Esa nota yo la oigo con mi oído derecho,
el que no oye –o el que la gente dice que no oye–,
porque mi padre me dejó sordo de una paliza.
Pero yo oigo *esa* nota
con mi oído que no oye.
Esa es la nota que oyeron Bach y Mozart,

pero no Beethoven,
porque en su corazón había rabia.

Mi padre me pegaba, mi padre me pegaba,
y yo oía el impacto de los golpes,
y eran notas, notas, notas.
Pero ahora no hay rencor, no hay dolor.
No, todo es música, todo es una nota
que estalla, que se enrosca, que se vuelve
aire que asciende al cielo,
voces de niños entumecidos que cantan las vísperas,
voces de los muertos que recitan
«Respira, eres joven de nuevo».
Joven de nuevo.
Joven de nuevo.
Ya no hay rabia en mi corazón.
No hay rabia.
No hay rabia.
Ahora mi corazón
es una madre que canta a sus hijos.

BRIAN WILSON COMPONE 'SURF'S UP'

En los movimientos finales de *Surf's Up*, si escuchamos bien, podemos oír el «Himno de los querubines» que Chaikovski compuso para la *Liturgia de San Juan Crisóstomo*. Estoy seguro de que Brian Wilson no conocía la obra coral de Chaikovski, pero de algún modo ese himno de los coros angelicales se transfiguró en la parte final de *Surf's Up* (podríamos hablar de la comunión de las almas, o más bien de la transmigración de las almas, porque eso, al fin y al cabo, es la música: un coro de niños de una liturgia eclesiástica que se viene cantando desde el siglo V se aparece en la música de un cantante medio loco de Los Angeles). Leonard Bernstein, que grabó en 1967 a Brian Wilson cantando al piano *Surf's Up*, dijo que era una de las mejores canciones que había oído nunca. Tenía razón.

Cuando compuso *Surf's Up*, Brian Wilson empezaba a sufrir violentas alucinaciones acústicas y brotes psicóticos, seguramente agudizados por el incesante consumo de anfetaminas y LSD. Según dicen, su padre le había dejado un oído inútil a causa de una paliza –aunque otras versiones dicen que todo se debió a un golpe propinado por un vecino con una tubería–, pero el dolor que Brian Wilson sintió durante su infancia siempre estuvo presente en su música. La relación que su padre tuvo con él se parece mucho a la que el envidioso y resentido Leopold Mozart tuvo con su hijo Wolfgang. Por lo que sabemos, Leopold Mozart no pegaba a su hijo, pero Murry Wilson sí lo hacía. Y con una violencia inusitada.

Pero un día Brian Wilson compuso *Surf's Up*. Y aunque seguía teniendo alucinaciones psicóticas, y aunque no se atrevía a salir de su casa, y aunque tenía que tocar el piano encerrado en su cuarto con el suelo cubierto de arena, y aunque sabía que los Beatles le habían derrotado con el *Sgt. Pepper's*, y aunque sabía que ya no iba a poder competir con ellos porque ellos eran cuatro (cinco con George Martin) y él era uno solo, uno contra cinco, y aunque sabía que había abandonado por inútiles todas las cintas de *Smile*, ahí estaba *Surf's Up*, con los coros celestiales de los querubines ascendiendo al cielo.

DOCE LUNAS

Enero es la innombrable claridad
del tiempo que se ensancha como un río.
Y febrero es la fiebre caprichosa
al sentir que maduran ya los brotes
y todo es nuevo y brilla y está ahí.
Y en marzo el resplandor de las glicinas
nos tienta en los jardines, anunciando
la vida que se ajusta a nuestros sueños.
Abril es un laúd de cuerdas leves,
todo brillo y ardor, cada tañido
una nota en la escala de la dicha.
Y en mayo el cuerpo es rey y nos gobierna
como un dios bondadoso, y la vida se sacia
y decimos no quiero más, pero ansiamos más.
Y en junio, la pereza jubilosa,
y la carne que se hunde en otra carne,
y el sabor de la fruta, y un tañido
mucho más armonioso, porque el cuerpo
es joven y lo sabe y no necesita nada.
Y en julio, la gran luna que no duerme,
y el agua en pleamar, y la piel que arde,
y el canto testarudo de los grillos
que nos dice sí, sí, todo esto es tuyo.
Y en agosto, la siega y la cosecha,
y un granero en la casa, y quizá un niño,
y la tranquilidad de saber que uno
ha encontrado por fin su lugar, y quiere hacerlo
suyo por mucho tiempo. Y en septiembre
llega otro niño, pero hay una grieta
en la pared, y el lavabo se atasca,
y la música es débil, y cada uno sabe

que no podrá ser nada más, y tiembla
con las primeras lluvias del otoño.
Y en octubre la luz se fatiga, y cada noche
nos niega ya el perdón, y nuestra vida
es un plato que está frío. Y noviembre
es la vergüenza de ser aún el mismo
junto al terror de no volver a serlo,
porque el tiempo se escurre, y los sirvientes
abandonan su puesto a toda prisa,
hartos ya de servir a un amo inútil.
Y la escarcha en el alma: eso es diciembre,
la corona de acebo colgada de una puerta
que nadie, salvo el viento, va a abrir ya.
Y no hay sino memoria que regresa
con las manos vacías, y una casa
desierta, y la certeza de que nunca
volveremos a ver a quien se ha ido.

DOCE LUNAS

Me gusta titular los libros de poemas con el último poema que aparece en el libro. Este libro se llama *Doce lunas* y «Doce lunas» es el poema que lo cierra. Cuando escribí este poema, tenía en mente la forma en que los indios norteamericanos dividían el año en un ciclo lunar. Las lunas iban pasando, y cada luna establecía un momento distinto en la vida de la tribu, y luego las lunas regresaban, y entonces todo volvía a empezar. Como en todas las culturas primitivas, el tiempo no avanzaba en forma de flecha que se mueve hacia delante, sino en forma de ciclo que se renueva continuamente. No había años. Había lunas, sólo lunas.

No todas las tribus calculaban el paso del tiempo por un ciclo de doce lunas. Algunas tenían un ciclo de cinco lunas, otras de diez, otras de siete. Pero en cada ciclo, fuera cual fuese su duración, las lunas iban cambiando. Y cada luna tenía su nombre. Había la luna de la cosecha y la luna de la escarcha, la luna de las hojas verdes y la luna de los ojos tristes, la luna de la maduración y la luna de la mucha pobreza, la luna del regreso de los gansos y la luna en que los búfalos mugen. Cuando nombraban a las lunas, los nativos americanos tenían la mirada de los poetas chinos que traducía Marcela de Juan.

Escribí este poema, «Doce lunas», hacia 1998, es decir, hace unos veinticinco años. Si aplico la escala de las lunas de los nativos norteamericanos, me encontraba más o menos entre agosto y septiembre, es decir, entre la luna de la cosecha y la luna del gran viento (por decirlo a la manera de los zuni), o entre la luna de las cosas que maduran y la luna de las hojas marrones (según dicen los lakota). Pero ahora, veinticinco años más tarde, la luna es otra: como mínimo es la luna de noviembre, es decir, la luna de la escarcha (para los chippewas), o la luna de los ríos que se hielan (para los arapahoes). Peor aún es decirlo a la manera de los cheyenes, porque esta luna que se acerca al final del ciclo es la luna de los lobos que se agrupan en manadas. En mi propio ciclo, tal como está expresado en el poema, sería la luna del terror de lo que no vuelve. O la luna de la memoria que regresa con las manos vacías. O la luna de la casa desierta.

Para Jack Mather, el niño apache que murió en la Escuela India de Carlisle, la luna de noviembre era la luna en la que se recoge el maíz, aunque él murió en febrero, con la luna de las hormigas voladoras. La siguiente luna, la de abril, era la luna de las grandes hojas, pero esa luna él ya no llegó a verla. En la mitología de los apaches, el mundo había sido creado por una divinidad llamada Kuterastan. Y cuando Kuterastan terminaba su obra, se ponía a bailar y a cantar. «El mundo ya está hecho, y ahora se ha quedado quieto», cantaba Kuterastan mientras bailaba por el horizonte. Me pregunto si Jack Mather, el niño al que habían llevado al otro extremo del mundo a aprender a ser una «persona civilizada», se acordó alguna vez de Kuterastan cuando desfilaba los domingos por las calles de Carlisle.

«El mundo ya está hecho, y ahora se ha quedado quieto». Eso cantaba Kuterastan. No se me ocurre una definición mejor para entender cómo funciona el arte. El mundo está hecho –o mejor dicho, el mundo acaba de hacerse– y ahora se ha quedado quieto. Un poema, una novela, una película, un drama –cualquier expresión artística que sea arte verdadero– logra hacernos creer que el mundo acaba de hacerse y ahora ya está quieto. Quieto para siempre. Robert Graves repetía una frase que siempre me ha parecido la mejor definición posible de la composición poética: «En griego clásico, poesía (*poiesis*) quiere decir "hacer que ocurra algo extraordinario"». Pues sí, eso es la poesía: hacer que ocurra algo extraordinario. En realidad, el griego clásico y Kute-rastan y Robert Graves venían a decir lo mismo. Escribir un poema es cantar porque el mundo ya está hecho. Y ahora, por fin, se ha quedado quieto. Aunque vivamos bajo la luna de la casa desierta.

ÍNDICE